わたしも
ファラデー

●たのしい科学の発見物語●

板倉聖宣

仮説社

まえがき

あなたは、ファラデーという科学者を知っていますか。

この人の名は、科学者の間ではとても有名ですが、一般の人びとにはあまり知られているとは言えません。だから、知っていなくてもかまいません。この本を読めばわかることだからです。

じつは、ファラデーという人は、小学校しか出ていないのです。それなのに、今なら「一人でノーベル賞をいくつも受賞する」ほどの数々の大発見をつづけた科学者なのです。どうして、そんな発見ができたのでしょうか。私は、そのことをさぐろうとして、この本を書いたのです。その結果、つくづく、「すぐれた科学者になるには、いい科学者にめぐりあうことが大切なんだなあ」と思いました。ファラデーさんは、「デーヴィという素晴らしい先生、大科学者にめぐりあうことができた」のです。

それは偶然でしょうか。それは偶然ともいえますが、彼が求めた結果ともいえます。すぐれた科学者になるためには、「どんなことを研究したらいいのか」を知ることが、何よりも大切です。いい先生につければ、その勘《かん》どころがわかるのです。そして、「どのように生きればたのしくなるか」ということもわかってくるのです。

みなさんの近くには、そんな素敵な先生がいますか。いなかったら、どうすればいいのでしょう。そのためには、「〈たのしい科学の本〉を読めばいい」と思います。いい本はすぐれた先生の代わりをしてくれるからです。

私はこの本の中で、「ファラデーさんがどのようにしてたのしく研究したか」ということを、いきいきと描き出すことができたと思っています。そこで、この本は、みなさんが「大科学者のようにたのしく生きるためのヒント集」にもなると思っています。

「いい本は、おもしろくなくてもがんばって読まなければいけない」という人がいます。しかし私は、「科学は〈いやでもがんばって勉強しなければならない〉というほどつまらないものではない」と思っています。もし、難しすぎて「たのしく読めない」と思ったら、この本も途中で読むのをやめてください。いつか興味がわいてきたときに読んでくだささればいいのです。自分の興味を犠牲にすると、たのしく生きることができなくなってしまいます。

では、本文に進んでください。

ず→板倉《いたくら》 聖宣《きよのぶ》

わたしもファラデー ●●● もくじ

第4章 磁力線のすばらしさの発見……79

第5章 電磁気の感応現象の追求……107

第6章 半導体物質の発見……131

イラスト●川瀬耀子
カバー装画／本文80ぺ・156ぺ下図・174ぺ
図版制作●MAT
92ぺ・98ぺ・128ぺ・143ぺ・156ぺ上図・167ぺ
●中村 誠
45ぺ・110ぺ〜118ぺ

第１章

ファラデーの生い立ち

ファラデーが製本職人になるため
修行していたリボーさんのお店
（B.Jones『ファラデーの生涯と手紙』1870，より）

ガリレオ（一五六四〜一六四二）は、「地動説を唱《とな》えたために宗教裁判にかけられたり、〈振り子の等時性《とうじせい》〉を発見したり、〈落下の法則〉を明らかにした人」として、広く知られています。それとくらべると、ファラデー（一七九一〜一八六七）の知名度は少し劣るようです。しかし、ファラデーは、ガリレオと比べて遜色《そんしょく》のない大科学者です。

そのことを理解していただかないと、この本を読んでいただけないかもしれないので、ファラデーの発見したことをはじめに簡単に紹介しておきましょう。

●ファラデーさんって、どんな人？●

私たちはいま「電気がなければその日の暮らしにも困る時代」に生きています。じつは、大量の電気を起こしたり、その電気によって機械を動かすことができるようになったのは、ファラデーの研究のおかげなのです。また私たちはテレビやラジオ、携帯電話などで毎日のように「電波」を利用していますが、その電波＝電磁波《でんじは》の存在をはじめて予言したのもファラデーです。また、現代の「エレクトロニクス＝電子技術」では〈半導体《はんどうたい》〉というものが主役をつとめていますが、〈半導体〉の存在をはじめて発見したのもファラデーです。そのほか、彼は化学分野でも大きな発見をしています。

もっとも、はじめにこんな話をしてしまうと、「そんな電気の発明発見物語なんて、むずかしい数学が出てきたりして、私にはとても理解できそうもない」と思ってしまう人がいるかもしれません。しかし、ご安心ください。むずかしい数学なんて、ファラデー自身も知らなかったのです。

じつは、ファラデーは小学校しか出ていないのです。小学校しか出ていなくても、自分で数学を学んだ人もいます。しかし、ファラデーはその後も数学はほとんど勉強していません。私は自信をもってそう言えます。じつは私は、ファラデーの書いたたくさんの論文を全部めくってみたのです。そして、そのどのページにも数式などまるで出てこないことを確かめたのです。だから数学は苦手だというあなただって、ファラデーの発見したことはすべて理解できるはずなのです。

「ファラデー」というと、みなさんの中には『ロウソクの科学』という本を読んだことのある人がいるかもしれません。『ロウソクの科学』という本は〈ファラデーがクリスマス前後の一週間、青少年向きに実験しながら講演した話〉を他の科学者が一冊の本にまとめたものです。そこで日本では、とくに文科系の文化人たちが「大科学者の書いたやさしい科学の本」として広く推奨《すいしょう》してきました。確かにその本は、本を読みなれた人びとには読みやすい本です。

ところが、ファラデーの研究は、その『ロウソクの科学』を読むよりも、はるかにおもしろくて感動的なのです。そしてたいていの人は、「こういう研究なら、ぼくも私もやりたい」と思わずにいられないようなものなのです。私は「ファラデーが自分自身の研究物語を書いてくれたらよかったのに」と思えてなりません。そこで、ファラデーになり代わって「ファラデーの発明発見物語」を書きたいと思うのです。そうすれば、彼の書いた『ロウソクの科学』よりも、はるかにおもしろい話ができると思うからです。

●鍛冶屋の子だったファラデー●

まえに、「ファラデーは小学校しか出ていない」と書きましたが、「その学校で抜群の優等生だったから、科学者になれた」のでしょうか。

いいえ、そうではありません。じつは、ファラデーの行ったロンドンの小学校というのは、くわしくいうと江戸時代の日本にあった〈寺子屋《てらこや》〉に近い学校、塾でした。日本の寺子屋というと、その先生はたいてい男で、一人で「読み書きやソロバン」を教えました。ところが、ヨーロッパでは〈おばさん〉が一人で何もかも教えていたのです。そこで、その学校は〈おばさん学校（dame school）とも呼ばれていました。中等学校以上の学校まで行くような子どもは、そんなおばさん学校には行かずに、家庭教師に教わってから、何人もの専門の先生のいる中等学校に進学して、ギリシア語やラテン語（古代ローマの言葉）を学ぶにきまっていました。ですから、「おばさん学校に行った」といえば、貧乏な家の子にきまっていて、そこで「読み書きだけを教わった」といっていいのです。そういう学校には、上級学校に行く子なんか一人もいなかったので、優等生も何もありません。そこで、ファラデーは、「おばさん学校で何をどれほど学んだか」ということは、まるでわかっていないのです。

今の日本では、小学校を卒業したら中学校に進学することになっていて、その中学校を卒業したら、大部分の人は高等学校に進学し、さらにその半分ぐらいの人は大学にまで進学することになっています。そして、科学者にでもなろうと思ったら、大学院の博士課程にまで進学して、博士論文でも書いて「博士」という学位をとり、それで科学者の人生をあゆむことになっています。それまで、たくさんの人びととの競争に勝ち抜くように熱心に勉強してはじめて科学者になれる仕組みになっているのです。

じつは、二〇〇二年にノーベル化学賞を受賞した田中耕一さんは、博士号をもっていない民間企業の研究者でした。そこで、「博士でなくてもノーベル賞がもらえるのだ」という明るい話題をふりまいてくれたのでしたが、その田中さんだって、大学を出ていました。

ところが、ファラデーの時代には、小学校で頑張って勉強したところで、〈ジェントルマン階級〉の家かそれに近い豊かな家に生まれなければ、大学どころか、中等学校にも進学することはできない時代でした。〈ジェントルマン〉というと、日本では〈身だしなみのいい男〉という意味に使われるのが普通です。しかし、もともと、日本でいえば〈武士階級〉に相当する人をさす言葉でした。ところが、ファラデーは貧しい鍛冶屋《かじや》の次男に生まれました。だからファラデーは、おばさん学校でとくべつ頑張って勉強して成績をあげることなど、まるで考えずに勉強したに違いありません。その頃のおばさん学校には科学＝理科の授業もなくて、楽しい勉強などまるでなかったからです。

そう、ファラデーのお父さんの職業は鍛冶屋でした。日本で刀鍛冶《かたなかじ》というと、立派な身分だったようです。しかし、彼のお父さんの仕事は〈馬の足に蹄鉄《ていてつ》を取り付ける〉というような、もっと地道な作業をすることでした。

当時はまだ自動車も鉄道もありませんでした。そこで、乗り物といえば馬車にきまっていました。ロンドンの表通りの立派な家に住んでいた金持ちたちは、〈自家用馬車〉を持っていました。ファラデーの家は、立派な表通りの裏にある長屋だったのですが、彼のお父さんは、表通りに住む金持ちたちの馬車を引かせる馬の足の裏（蹄《ひづめ》）に〈蹄鉄《ていてつ》〉というU字型（正確にいうと馬蹄形《ばていけい》）をした鉄を打ち付ける仕事などをして暮らしていたのです（人間に使われる馬は、重い荷物を運ぶので、靴のかわりに蹄鉄《ていてつ》をつけてやらないと、足底がすり減って、すぐに歩けなくなってしまうのです）。

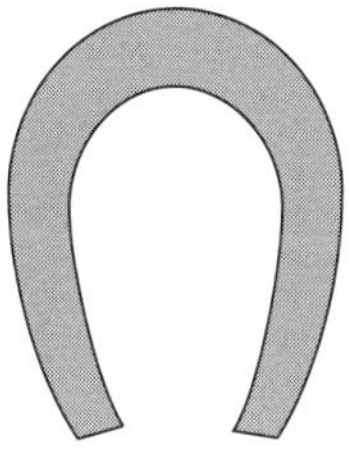

馬蹄形《ばていけい》

●製本職人になるための徒弟奉公●

マイケル・ファラデーはそういう貧しい鍛冶屋《かじや》の次男に生まれたのです。3歳年上の兄さんは、父について、鍛冶屋になる修行《しゅぎょう》をしました。しかし、一家で二人も鍛冶屋をつがせるわけにはいきません。

さいわい、彼が育った町の近くにリボーさんという人が、〈文房具屋をかねた本屋〉をや

ファラデーの生家
（B.Jones『ファラデーの生涯と手紙』1870，より）

っていました。そこで彼の両親は、彼がおばさん学校をすませると、その家に奉公《ほうこう》に行かせることにしました。その頃のイギリスでは、どんな職業につくにしろ、7年の徒弟《とてい》奉公（親方のもとに住み込んでその仕事の見習いをすること）をすることが義務になっていました。同じ職業につく人が多すぎると、仕事の取り合いになって困るので、「どこかの店で7年の修行をしてはじめて独立した職人になれる」という仕組みになっていたのです。

じつは、私の父は〈医療《いりょう》器械《きかい》の製造職人〉でした。そこで、私の家にも小学校を卒業したばかりの子どもが住み込んでいたことがあります。その子は私より3歳ほど年上でしたが、父の仕事を手伝っているうちに金属《きんぞく》加工《かこう》の技術を身につけるようになっていたのです。

ファラデーは13歳のとき両親に連れられてリボーさんの店の〈走り使い〉となりました。まだ最初の1年間は試験《しけん》採用《さいよう》で、徒弟《とてい》以下の〈追い回し〉などと呼ばれるひどい身分でしかありませんでした。その頃は新聞の税金が高かったので、新聞を回《まわ》し読みする家がたくさんありました。そこで彼は、時間を区切ってお得意さんの家々を走り回って、新聞を回《まわ》し届ける仕事などをしたのです。それから1年後の一八〇五年10月、彼は正式にリボーさんの店に7年契約で徒弟奉公することになりました。「7年たったら一人前の職人にしてやる」という契約のもとに、入門料《にゅうもんりょう》をはらって7年間ただ働きをすることになったのです。

〈本・文房具店〉の店で職人として身につける技術といったら、どんなことがあるでしょうか。それはおもに製本の仕事でした。当時、少し立派な本は、「仮綴《かりとじ》」といって、ちゃんと製本されていないものを売っていました。お金持ちの客は、その仮綴の本を買うと、すぐに「その本を自分好みに製本させて、本箱にかざる」というのがふつうだったのです。今でもロンドンやパリの街では、そういう製本屋さんがかなり見られます。ファラデーは、そういう製本の技術を身につけるために7年間の年季奉公《ねんきぼうこう》（期間限定の徒弟奉公）をするようになったのです。

●科学の勉強仲間を見つける●

製本の仕事も、はじめのうちはかなりむずかしく思えたかもしれません。しかし、数年もたつと、らくらくと製本できるようになったことでしょう。そうすると、製本を頼まれた本の内容に興味が向くようになるのは自然なことでした。そのうちに、彼がとくに興味をそそられたのは『大英百科事典《ブリタニカ》』の中の「電気」の項でした。『大英百科事典《ブリタニカ》』という事典は、「大項目《だいこうもく》」といって、一つの項目が100ページもあったりするのですが、「電気」の項目はなんと127ページもありました。しかも、そのころの本は図版が少なかったのに、その「電気」の項には、たくさんの図版が入っていました〔30ぺ参照〕。そこではじめは、その図版に興味を引かれただけなのかもしれません。そのうちに、その本文も読んで、とてもおもしろいと思うようになったのでしょう。

そのほか、彼は『ワット博士の知性の開発』などという本を何回も読みました。学校の勉強などに追われることもなかった彼は、「少しでも立派に生きたい」と思って、いろいろな本を読むようになったのです。もしかすると、学校に行かない彼の境遇《きょうぐう》は、今の子どもたちより恵まれていたのかもしれません。しかし、一人で本を読んでいただけでは、その進歩が遅いことも確かだったでしょう。

そんなある日——一八一〇年の冬のことです。18歳の彼はロンドンの街を歩いていて、一枚の貼り紙に目をとめました。そこには次のように書いてあったのです。

科学の実験・講座
講師　テータム
聴講料　1回　1シリング
場所　……

彼はそこに書いてある内容をじっと見つめました。そして「1回1シリング、1回1シリング」と何回も唱《とな》えました。

「1回1シリング」という参加費は今の日本円にすると、「1回千円」ほどということになります。そう高い会費ではありません。しかし、彼は徒弟奉公の身の上です。徒弟奉公というのは〈ただ働き〉で、給料などまったくないのです。そこで彼は、自立していた兄さんに頼み込んで、その会費を出してもらうことにしました。それほど〈科学の実験と講義〉を見聞きしたいと思ったのです。

その講義はとても楽しいものでした。そこで彼は、その講義の内容をきれいに書きまとめて、一冊の本に製本して、リボーさんにも見せました。製本はお手のものでしたが、リボーさんはその勉強ぶりをみて喜んでくれました。その時代の貧しくて恵まれない若者たちは、少しでもお金がはいると、酒を飲んだりして身を持ちくずしてしまう人が多かったのですが、ファラデーは違っていたのです。そこでリボーの旦那《だんな》は、「マイケルはしっかりした若者だ」と頼もしく思っていたようです。

リボーさんは、自分の店の徒弟奉公人のことをいつも温かく見守っていた人でした。そこで、ファラデーと同じような徒弟奉公人の一人は、のちにコメディアンになり、もう一人は職業歌手になったそうです。ファラデーは科学者、それも大科学者への道を歩むことになったのですが、この頃はそんなことなど、まるで予想できないことでした。しかし、幸運は少しずつやってきました。

テータムさん――そう、「科学の実験の講義」の先生の名前ですが、その講義に参加したら、そこには、彼が予想していなかった楽しいことがありました。講義には、彼と同じ年頃の若者もたくさんいて、テータム先生を中心に〈市民科学研究会〉という会をやっていたのです。彼は、毎週水曜日の夜に開かれる研究会にも参加することになりました。その会員は30~40人ほどでしたが、彼もその仲間に入れてもらったのです。

そこで教えてもらったのでしょう、彼は『化学の対話』という本を読んで、そこに出てくる実験のうち自分でもできそうな実験は片っ端からやってみました。科学に対する彼の勉強は、本格的なものになったのです。18歳といえば、今なら大学に入学する年頃です。ふつうの人より早熟《そうじゅく》とは言えません。

●王認研究所の聴講券をもらう●

『化学の対話』という本には、著者名が伏せてありました。本当の著者はジェーン・マルセット（一七六九〜一八五八）という女性でした。この人はもともとスイスの有名な銀行家の娘でしたが、フランス革命の動乱をさけてイギリスに来ていたのです。この人の夫は医学部の講師で化学者でしたから、自分でも化学を勉強してみたくなったのでしょう。少し前（一七九九年）にロンドンに創設された大英王認《おうにん》研究所（the Royal Institution of Great Britain）でデーヴィ先生が化学の連続講義をしたとき、その講義に出席して、その内容をもとにして、対話形式の化学の話を書いたのです。

一般に〈科学の本〉というものは、「自分ではじめて感動的に知ったことを書いた本」が、一番感動的で親切でわかりやすく書いてあるものです。だから、ファラデーがその本を読んで化学の世界を知ったのは、とても幸運だったと言って間違いないでしょう。すぐれた科学者が書いた本でも、その人が大昔から知っていたことを書いた本は、あまり感動的に書いてなくて、わかりやすくもないのが普通なのです。

ファラデーはマルセット夫人の書いた『化学の対話』を一八一〇年の2月19日から4月2日ごろまで、夢中になって読んだことがわかっています。大学一年生の年齢ですが、昼間は仕事があっても、夜の自由な時間はそれだけに集中するのですから、その勉強は効率のいいものだったに違いありません。

それから間もなく、父親が49歳の若さで亡くなりました。彼の年季奉公の期間はあと2年ありました。

一八一二年10月の「7年季奉公も終わる」という年の半年ほど前、彼は、ずっと前にマルセット夫人の聞いたデーヴィ先生の講義を聴講《ちょうこう》することができることになりました。

リボーさんは、店に来る客たちに「自分の徒弟の科学好き」を自慢げに話すことがありました。そこで、客の一人が王認研究所でのデーヴィ先生の最終講義の聴講券をくれたのです。その聴講券はふつうならとても高くて、ファラデーにはとても買えないものでした。

デーヴィ先生はファラデーと同じくらい大きな発見をつぎつぎにした大化学者でした。彼は化学物質を電気的に分解する方法を開発して、一人で新しい原子＝元素をたくさん発

Equilateral Triangle.

Fig. 24.

Tetrahedron.

Fig. 25.

Triangular Prism.

Fig. 26.

Parallelopiped.

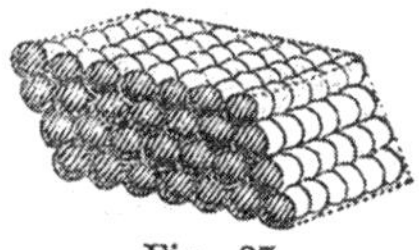

Fig. 27.

If between these, others are piled, the form of a triangular pyramid, or *tetrahedron* (fig. 25) will be produced. A number of the equilateral triangles (fig. 24) placed directly upon each other, supplies us with the triangular prism (fig. 26). The parallelopiped (fig. 27) is readily produced, as you see, by the arrangement shown in this model(22).

Emily. We have now all the *integrant molecules*, and from these, of course, all the *primary* and *secondary forms* may proceed, just as in the former instance.

Mrs B. In order to remove the difficulty in making up certain existing forms by perfect spheres, Wollaston supposed, as I have already intimated, that the constituent atoms of some species of matter are spheroidal, that is, not perfect spheres(23). This, like every thing relating to ultimate particles, is evidently hypothetical; and if hypothesis is ever to be admitted, it must be in such a case, where, from our limited power of perception, it is impossible that we should arrive at absolute certainty(24).

Caroline. Since then, on such a subject, you do not interdict hypotheses altogether, I may be still allowed to suppose that the constituent atoms of matter may be spheres; that these may combine together so as to form the integrant molecules; and that the integrant molecules may then arrange themselves exactly as was imagined in the first instance.

Mrs B. Such a conjecture is not only admissible, but has as much, at least, of probability on its side, as any other theoretical opinion, upon this subject, which has been proposed.

Although you can now deduce all the different crystals from the accumulation of spheres, yet as I have three other models prepared, which exhibit three of the primary forms, you will undoubtedly like to examine them. Here, (fig. 28) we have the perfect cube; the next (fig. 29) has the shot so

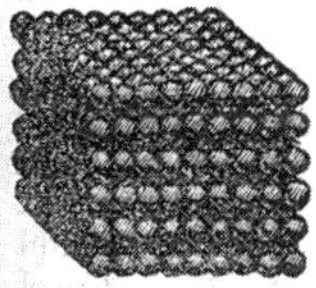

Fig. 28.

Fig. 29.

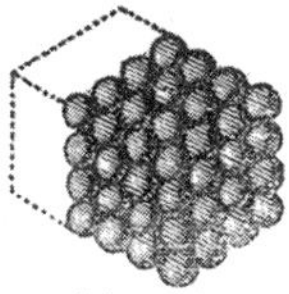

Fig. 30.

piled on each side of a square as to complete the octahedron; whilst the third (fig. 30) gives you the hexangular or six-sided prism(25).

Emily. I am, of course, aware that the integrant molecules of a crystal

ファラデーが熟読した，マルセット著『化学の対話』の１ページ。ただし，これは1834年のフィラデルフィア版。この本は「B夫人，エミリー，キャロライン」の３人の対話からなっている。仮説（hypothesis）という言葉も見える。

デーヴィ

見していました。それに、化学の知識を使って農業技術を改革する研究もしていました。その上、講義がとても上手でした。そこで、王認研究所でのデーヴィ先生の講義にはいつもたくさんの人が集まりました。

ファラデーは、リボーさんのおかげで、そういう偉い先生の講義を聴くことができるチャンスをつかんだのです。彼は、2月29日から4月10日までの四回分の聴講券《ちょうこうけん》をもらって、緊張してその講義に出席して、熱心にノートを取りました。

●ファラデーの書いた最初の手紙●

ファラデーが一八一二年7月12日にアボットという親友に出した手紙が残っています。ファラデーが20歳のとき、今でいうと大学3年の頃に書いた手紙です。アボットという人は、ファラデーより1歳半ほど年下でしたが、中等学校も出ていたので、彼よりずっと物知りでした。そこで彼はその友だちを尊敬していたのですが、その手紙を読むと、このころ彼が「どのようにして科学実験のとりこになったか」ということがとてもよくわかります。

いやその前に、この手紙を見ると、「その頃のファラデーがどんなに貧乏だったか」ということもよくわかります。じつは、この手紙は郵便料金が割安になる〈郵便書簡《ゆうびんしょかん》〉（便箋《びんせん》兼用の切手つき封書で、内側に通信文を書き、折りたたんで糊《のり》づけして出すもの）に書かれているのですが、「一度書いた用紙の上に、それとは直角の方向にもう一つの文章を重ねて書く」という無茶な書き方がしてあるのです。こうすれば「指定の用紙に書ける文章の量をふやすことができる」というわけで、そんな無茶なことをしたわけです〔188ペ参照〕。

さて、この手紙の本文はこう始まっています。

A君——形式ばったことは、たいていの場合、無用で、ときには不適切なものです。いま君と僕との間では、後のほう＝〈不適切〉ではないかもしれないけれど、前のほう＝〈無用〉だと思います。だから、この場合はそれをなしにします。だけど、まず「よろしく」とだけ言って、主題に入ることにします。ご両親と弟さん、妹さんにも、よろしくお伝えください。

この手紙には、このあと〈若者の修養の話〉が続いているのですが、その部分は省略することにして、その後こう書いてあります。

振り返ってみると、A君。退屈な話にもう2ページも使ってしまいました。突然、紙の下端にきて止められなかったら、もっと続けようとしたところでした。紙の下端にきたことが（君にとっては幸せなことに、僕が君を眠らせたりさせなかったでしょうから）「僕のとりとめのない考えを呼び返してくれた」のです。それでいよいよ、僕が手紙ではじめ君に知らせたいと思ったこと、哲学的科学的な情報とアイデアを、君に知らせることにします。僕は最近、〈科学の根本原理を納得いくようにしたい〉と思って、二三の簡単な電気の実験をやってみたのです。

僕は、〈ニッケルを少し手に入れたい〉と思ってナイト商店に行ったとき、その店には〈打ち延ばせる亜鉛《あえん》〉があることを思い出して、少し買ってきました。君は見たことがありますか。僕が手に入れたものは、とても薄く平たく延ばしたもので、店の人がいうには、〈これは電堆《でんつい》に使うのにちょうどいい薄さだ〉ということでした。僕はそれを円板状に切って、それと銅板とで小さな電池を作るつもりで、買ってきたのです。僕が作った

――最初の電堆《でんつい》は、なんと7対《つい》も!!あって、それぞれが半ペンス玉大というでっかい!!!!!!
――板からできていました。

ここで断っておきますが、この手紙が書かれた一八一二年は、〈イタリアの科学者ヴォルタ(一七四五〜一八二七)が世界最初の電池を発明した一七九九年〉から13年しかたっていません。そこで、世界中どこへ行っても、「電池を売っている店」など、まったくなかったのです。しかし、科学実験好きで、自分で電池を作る人はいたのでしょう。亜鉛板《あえんばん》を売っている店はあったのです。そこで、今なら〈買ってきた電池〉で実験をするところを、〈自分で電池を作ること〉から始めたわけです。ここに「電堆《でんつい》」とあるのは、ヴォルタが発明した〈乾電池式電池〉で、その作り方は手紙の続きの部分で説明してあります。

当時の「半ペンス玉」というのは、直径が3.1cmほどあって、いまの日本の五百円玉よりも少し大きめでした。

手紙からの引用を続けましょう。

――僕はね、君。自分で亜鉛板を半ペンスの銅貨と同じ大きさに円《まる》く切り抜いたものを7
――枚作りました。そして、そのそれぞれの上に銅貨を重ね、食塩水を浸《ひた》した7枚、いや6

枚の紙切れをその間にはさみこんだんだよ!!!　だけど、もう笑わないでくれよ。そして〈このちっぽけなパワーが作りだした結果〉に驚いてほしいんだよ。

●最初の電気実験の成果●

〈電堆《でんつい》〉というのは、〈食塩水を浸《ひた》した紙を銅貨と亜鉛板《あえんばん》の間にはさんだもの〉で1対《つい》です。だから7枚の紙が必要だったはずです。それなのに彼が「7枚いや6枚の紙切れ」と言いかえているのは、まちがえて〈銅貨と亜鉛板を重ねたもの7対《つい》〉の間に紙をはさんだからでしょう（27ページの図を見てください）。それでも彼は、6個の電池をつなげたのに相当する電圧を得ていたはずです。

それなら、そんな簡単な電堆《でんつい》で、どんな実験ができたというのでしょう。彼はそのあと、こう書いています。

何しろこれで硫酸《りゅうさん》マグネシウムを電気分解するのに十分だったんだよ。その結果には、ほんと僕も驚いたよ。僕は、こんな小さな電池がそんなに役に立つなんて、思ってもいなかったし、考えることもできなかったからです。

というのです。

　ここにいきなり〈硫酸《りゅうさん》マグネシウム〉などという言葉が出てくると、「ほら、難しい言葉が出てきた」と思う人もいることでしょう。しかし、〈硫酸マグネシウム〉というのは、日本でも昔から下剤《げざい》などとして広く使われて、〈瀉利塩《しゃりえん》〉とか〈エプソム塩《えん》〉などと呼ばれていたもので、特にめずらしい物質ではありません。その〈硫酸マグネシウム〉を水に溶かして、その中に電気を通したら、予期に反して電気分解したというわけです。

　このあとファラデーは、慎重《しんちょう》に「これは間違いなく、硫酸マグネシウムの電気分解だ」という証拠を挙《あ》げて、その後さらにこう書いています。

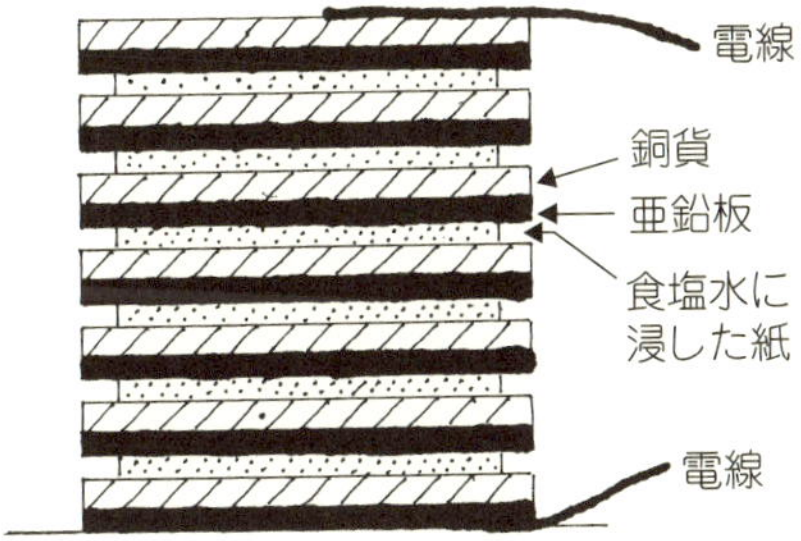

ファラデーのつくった電堆《でんつい》（実物大）

僕は、〈こんなに小さな電堆《でんつい》がこんなに大きな効果をもたらす〉ということを知ったので、ナイト商店から〈厚みが厚紙程度の板状の亜鉛〉をもう少し手に入れてきました。そして、それを切って円板にして、銅板も少し手に入れて、それも円板状にしました。その円板の直径はほぼ4.5cmでした。僕はそれらを電池の働きをするように積み重ね、同じ大きさの布きれを食塩水で湿《しめ》らせたものを間にはさみました。今のところ、まだ一回やってみただけですが、そのときはたしか18対《つい》から20対《つい》の板を使ったと思います。その動力でもって僕は、硫酸《りゅうさん》マグネシウム、硫酸銅《りゅうさんどう》、酢酸鉛《さくさんなまり》を電気分解しました。それで、最初は〈水も分解した〉と思ったのですが、その点に関する僕の結論は、おそらく性急《せいきゅう》すぎるものだったと思います。

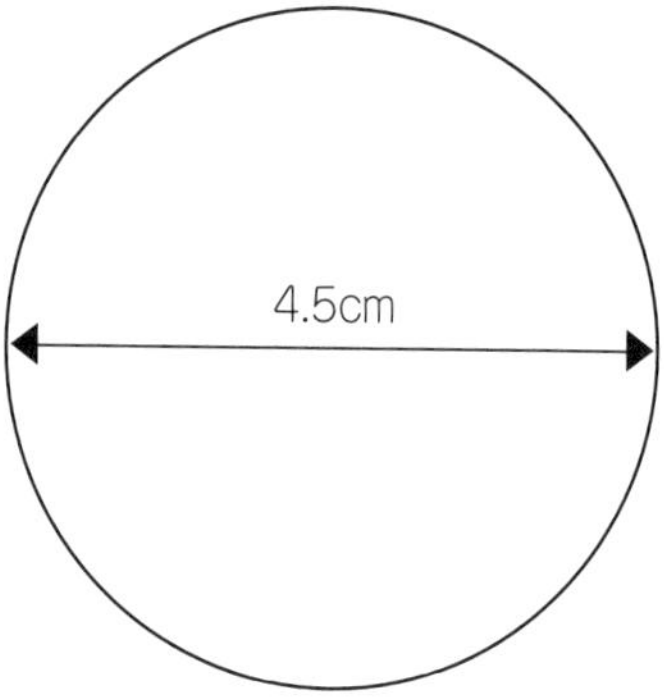

このときはまだ、他の科学者も知らない「新発見」をしたわけではありません。彼はた

だ「こんなに簡単な装置で自分の知らなかったことが発見できた」ということに興奮しただけでした。しかし、この手紙を読むと、いかにも楽しそうな彼の興奮が伝わってくるようです。彼はこうして、科学実験のとりこになっていったのです。

この手紙の最後には、彼が街で〈永久機関〉と称するものを見せてもらって、ジェントルマンたちと論争したことにも言及しています。

ファラデーはそうやって、自分で新しい発見をすることに自信をもつことができたのです。彼はこの当時20歳の青年になっていました。いまなら大学3年生の年頃ですが、本格的な科学研究に一歩を踏み出していたのです。

それなら彼は、どのようにして専門の科学者への道を歩むことができるようになったのでしょうか。

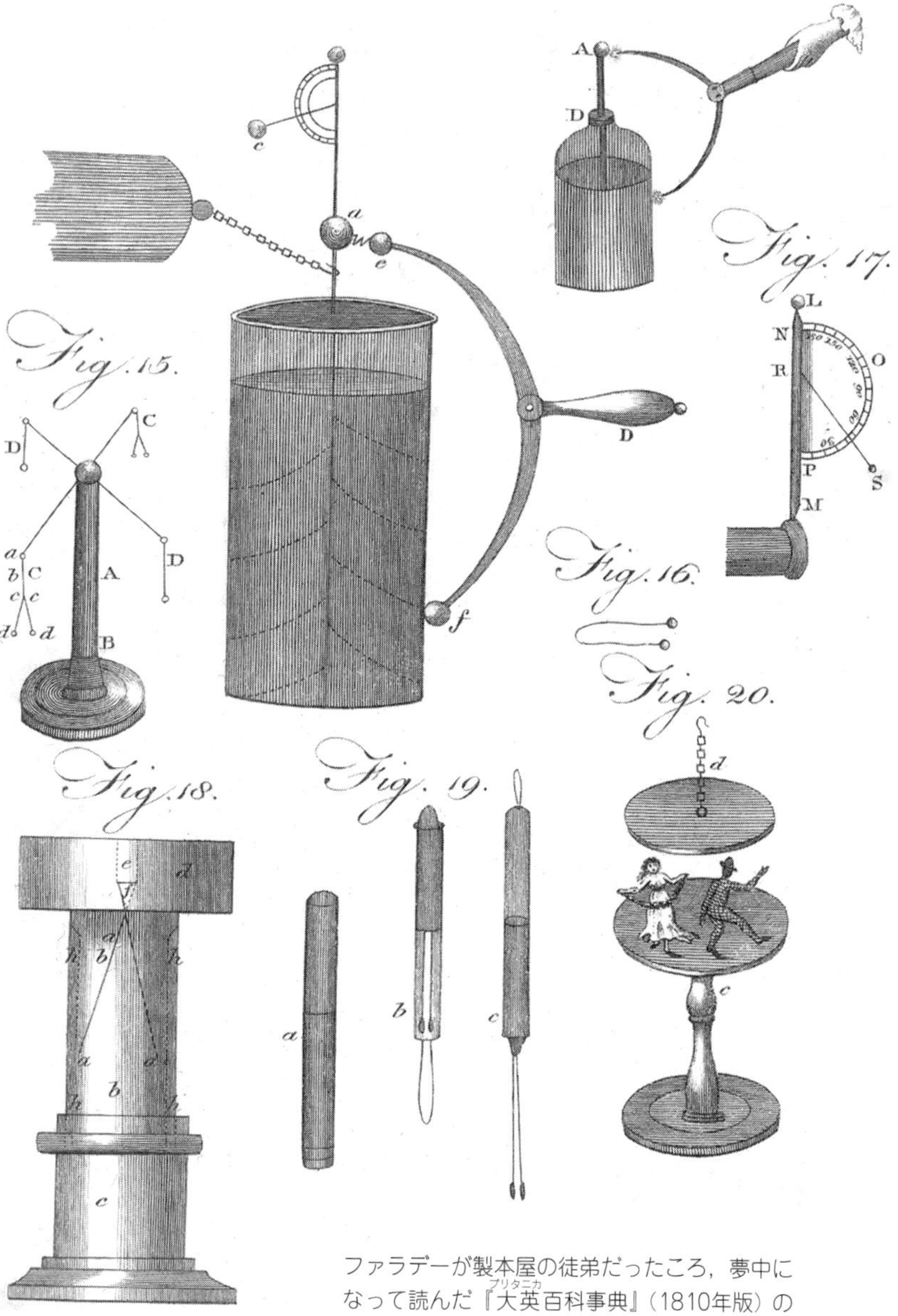

ファラデーが製本屋の徒弟だったころ，夢中になって読んだ『大英百科事典《ブリタニカ》』（1810年版）の「電気」の項の図版の一部。〔原寸大〕

第 2 章

新元素〈ヨウ素〉の発見に立ち会う

科学者としての第一歩

大英王認研究所（the Royal Institution of Great Britain）の建物。この絵は1840年に描かれたものだが，外観は今もこのまま。「シアター」と呼ばれる1000人収容の大講堂が中心で，ファラデーは1958年に女王から邸宅を提供されるまで，この中に住んでいた。

第一章の最後に紹介した手紙を書いてから3カ月の後、彼の製本職人としての徒弟《とてい》期間の年季《ねんき》があけました。今度は一人前の職人として賃金を手にすることができるようになったのです。十分とは言えなくても、自分でかせいだお金で実験材料だって買うことができるようになったのです。

●徒弟奉公の年季はあけたけど●

しかし、そういう新しい境遇《きょうぐう》も、彼には嬉《うれ》しく思えませんでした。〈一人前の職人として、新しく勤めた店の主人〉は怒りっぽい人で、リボーさんのように、彼の科学好きに理解のある人ではありませんでした。それに、お金がとれるようになった代わりに、その仕事のためにたくさんの時間をとられてしまって、実験する時間が少なくなってしまったのです。

そこで彼は、一人前の職人になって初めて、「こんな生活はいやだ。何とかして科学に関係のある仕事をして生きていきたい」と思いつめるようになってしまいました。

こういうとき、あなたならどうしますか。

これからは、「りか、えみ子、秀夫、工作」という4人の子どもたちに登場してもらって、話し合ってもらうことにします。秀夫君は〈一度教わったことは片っ端から覚えてしまう〉という優等生ですが、後の3人は必ずしも優等生ではありません。ただ、りかさんはとても〈理屈っぽい女の子〉で、筋が通らないことは大嫌いです。えみ子さんは、反対に理屈っぽい話は苦手で、〈美しさにばかりこだわる文学好きの女の子〉です。工作君は〈理屈よりも先に体が動くという行動派〉の男の子です。このように、4人の個性はとても違います。しかし、全員「個性が強い」という点では共通なので、お互いに認めあっているせいか、大の仲良しなのです。それに、著者の代弁をする〈いたずら博士〉が登場します。

えみ子　アボット君とかいう友だちもいるでしょ。そういう友だちが一番頼りになるんじゃない。

秀夫　僕なら、リボーさんに相談に乗ってもらうな。

工作　僕だったら、一度講義を聞いたデーヴィ先生のところに、押しかけていってしまうかなあ。

りか　わたしだったら、何か発見してから、その発見を認めてくれそうな科学者のところに手紙を書くかなあ。

秀夫　だけど、ファラデーさんは、中学校や高校も出てないんでしょ。そんなんで何かを発見するなんて無理だよ。

えみ子　だけど、ファラデーは天才なんでしょ。学校なんか出てなくたって、何か発見できるんじゃないですか。

りか　いくら天才だって、働かなければ食べていけない状態だったんでしょ。

秀夫　それに、まだ何を研究したらいいかもよくわからないんだから、一人で発見するのは無理なんじゃないの。

さて、読者のみなさんは、どう思いますか。ファラデーは、自分で何かを発見して、科学者たちに認められて、科学者になることができたのでしょうか。

●幸運は自分で開くもの●

ファラデーは、科学サークルにも参加して、自分でも実験をしていました。だから「自分でも何か新発見できるかもしれない」と考えていたかもしれません。

しかし彼は、「そんなことができるくらいなら、何も悩まないよ」と言ったことでしょう。1週間に1ギニイ半（3万円ぐらい）というお金がとれるようになった代わりに、その仕事が忙しくて、自分で実験する時間もとれなくなったから、悩むようになったのです。

そこで彼は、「ロンドン王認学会《おうにんがっかい》（the Royal Society of London）」という英国の代表的な学会の会長のバンクスさんにあてて手紙を書きました。誰かさんから、「バンクスさんはとても面倒みのいい人だ」という話も聞いていたからでしょう。ファラデーは、〈どんな低い地位でもいいから、科学に関する仕事につきたいのですが、何とかなりませんか〉と訴えたのです。

しかし、その手紙には返事がきませんでした。それも当然なことです。いくらバンクスさんが親切な人でも、そのころには、実験の助手といった科学に関係した仕事など、まるでなかったからです。

そこで、彼はリボーさんに相談しました。するとリボーさんは、

「あのデーヴィ先生に手紙を書いたらどうだろう。そうだ。デーヴィ先生の講義を聞いたときのノートがあるだろう。あのノートをきれいに製本して送ったら、興味をもってくれるかもしれないよ」と教えてくれました。

こういうときは、何もしないで悩んでいるよりも「当《あ》たって砕《くだ》けろ」です。それに、製本ならお手のものです。彼はその講義ノートをきれいに製本して、手紙と一緒に送りました。

今度は返事がきました。デーヴィ先生は、立派に製本された自分の講義ノートを見て、「この若者は見どころがありそうだ」と思ってくれたのです。いくら「科学に関する仕事をしたい」と言っても、本人がどれくらい熱心にそう思っているかわかりません。しかし、このノートは彼の熱意と能力の両方を証明してくれたのです。デーヴィ先生は「研究室に訪《たず》ねてこないか」と言ってくれました。科学への道は「新発見をして名を挙《あ》げる」ことだけではなかったのです。

一八一三年の初め、彼はデーヴィ先生の研究室に出かけました。緊張してうまく話せなかったことでしょうが、彼は自分の気持ちを何とか口に出しました。すると先生は言いました。

「〈科学に関係した仕事〉というけれどもね、科学の研究というのは、とてもお金になるものではないんだよ。君はもう〈製本の仕事〉という立派な仕事をもっているんだから、その仕事を続けたほうがいい、と思うよ」

先生はそう言って、〈科学に関係した仕事をしたいという希望は捨てたほうがいい〉とすすめるばかりでした。けれども最後に〈君のことを気にしておいてあげる〉と言ってくれました。

今でも、ファラデーのように申し出る若者がいたら、デーヴィ先生でなくとも同じようなことを言って、その志望を諦《あきら》めさせようとするでしょう。「それでもやっぱり科学の仕事がしたい」という意志の強さを確かめようとするのです。

このときファラデーは、すぐには希望がかなえられないことを知って、ガッカリして帰ったようです。ところが、それから間もなく、研究所から使いの人がやってきました。デーヴィが実験室で爆発事故のため目を痛めたので、「しばらくの間だけだけど、筆記の仕事をしてほしい」というのでした。彼は喜んでその臨時の仕事を引き受けました。

デーヴィ先生は、そのときのファラデーの仕事ぶりも気にいったのでしょう。それから数週間後、「研究所に来てほしい」という連絡がありました。

それは、「これまでの実験助手が〈出入りの業者を殴《なぐ》る〉という事件を起こしたために辞《や》めさせたから、その後任にならないか」という相談だったのです。彼は喜んでそのチャンスをつかみました。

これは素晴らしいチャンスでした。じつは、デーヴィ先生のいた王認《おうにん》研究所というところは、〈世界でも最初の科学研究所〉とも言えたのです。それより前にも、大学には自然科学を教える教授はいました。しかし、そのころの大学は教育機関であって、研究機関とは思われていませんでした。だから大学には実験室もなくて実験助手などいなかったのです。

ファラデーの前に先生の助手をやっていた人は、とくに「科学好き」という人ではありませんでした。先生のさしずに従って、言われただけのことをしていた人だったのです。だから、デーヴィ先生にとっても、実験好きな助手を雇《やと》い入れることができたのは、幸運なことだったに違いありません。

●「天才」という言葉●

えみ子　それで、ファラデーさんは、研究所に入ってすぐに大発見をしたんでしょ。

秀夫　まさかあ。いくら天才でも、中学も出ていないんだよ。デーヴィ先生の実験を手伝いながら、その研究の仕方を修行《しゅぎょう》したんでしょ。

はかせ　そうです。いくら天才でもそう簡単に大発見ができるものではありません。発見をするには「どんなことを研究したらいいか」ということから学ばなければなりません。そういうことは、ふつう大学を出ただけでは身につきません。ふつうは大学院まで進んで、先生に研究テーマの立て方から教わって修行することになります。いくら天才でも、誰からも教わらずに大発見できるものではありません。だから、あまり「天才、天才」って言わないほうがいいね。

たしかに、「天才的な発見」というものもあります。しかし、そういうものだって、それなりの「考え方の道筋」があって発見されたのです。それをただ「天才だから発見できた」と思ってしまうと、その「考えの道筋」の立て方を学ぶことができなくなってしまいます。だから、「天才」という言葉はできるだけ使わないほうがいいのです。

ファラデーは一八一三年3月18日、正式に王認研究所のデーヴィ教授の実験助手になりました。週給25シリングです。製本職人としての彼の週給は1.5ギニイ＝31.5シリングでした。だから、収入はかなり減るのです。しかし、彼は研究所の中に住むことも認めてもらって大満足でした。製本職人として生活したのは半年足らずに過ぎませんでしたが、彼には長く思われたことでしょう。

そのころ、デーヴィ先生は「ガス爆発」に関する実験をしていました。彼はかなり危険なその実験を手伝うことになったのです。

ところがです。その半年後の一八一三年10月、デーヴィ先生のお供《とも》をして、ヨーロッパに旅行することになりました。

●戦争中の敵国側への国際旅行●

じつは当時、英国とフランスは戦争をしていたのです。それなのに、英国からまずその敵国のフランスに入って、それから〈フランスの支配下にあったイタリア〉に行き、さらにスイスやドイツを旅行しようというのです。

フランスでは、一七八九年に「フランス大革命」が起きました。それから、たえず政治情勢が変動していました。一七九三年には国王を処刑《しょけい》して〈共和政治《きょうわ》〉が始まりましたが、すると周辺の王政《おうせい》の国ぐにが同盟を結んで戦争を始めました。国内でも、党派同士の争いが激しくなる一方、フランスは外国と戦争することになったのです。その戦争で、フランスは優勢でした。そこで一七九九年には、その戦争で大きな成果を収めたナポレオンが独裁《どくさい》者《しゃ》となりました。そして一八〇四年には「皇帝」となり、周辺の諸国と戦争を続けました。

えみ子　えっ、そんな戦争の最中に、英国が戦争していたフランスに旅行することにしたんですか。
はかせ　そうです。デーヴィ一行がフランスに行くことになった一八一三年10月には、英国とフランスがまだ戦争状態を続けていた最中でした。
秀夫　そうなのか。大昔は、「戦争というのは、政府同士、軍隊同士の争いで、一般国民には関係ない」という考えがあったんでしょ。その頃にはまだ、その考えが通用していたんですか。
はかせ　そうです。「戦争の最中に敵国に旅行する」などということは、今では考えることもできませんがね。
えみ子　危険はなかったのかしら。
はかせ　当時も、ふつうの英国人は「敵国に旅行するなんて」と反対したようです。しかし、デーヴィはその戦争中にフランスのナポレオン皇帝《こうてい》から賞金を与えられていたんです。ナポレオンという人はとても科学好きで、敵国の科学者にも賞金を出していたのです。そこで、デーヴィは「ナポレオン皇帝のフランスなら、戦争中といえども、自分を歓迎してくれるだろう」と考えて、出かけることにしたのです。
りか　そうか。一八一三年というと、今から二〇〇年たらず前でしょ。そのころはまだ、科学の国際的な性格がそういうところにも生かされていたんですね。

はかせ　そう、そういうわけです。そこでデーヴィは、フランス政府の了承を取り付けました。

工作　何人で行ったんですか。

はかせ　はじめは5人の予定でした。ところが、出かける寸前になって、秘書役の人の奥さんが「そんな敵国に行ったら無事に帰ってこれないだろう」と猛烈に反対したので、その人は同行しなくなってしまいました。そこで、4人に減ってしまいました。デーヴィとその奥さんとその奥方つきの下女とファラデーの4人です。

りか　ファラデーのお母さんなんかも心配したでしょうね。

はかせ　それはとても心配したようです。ファラデー自身だって、とても心配だったことを旅行日記に書いています。

工作　それで、その旅行は何カ月ぐらいだったんですか。

はかせ　「何カ月」というものではありません。「一八一三年10月13日にロンドンに出発して一八一五年4月23日に帰ってきた」のですから、1年半におよぶ旅行です。

えみ子　いいなあ、そんなにゆっくり旅行ができて。エジプトやトルコなんかには行かなかったんですか。

はかせ　はじめは、行く予定だったようです。しかし、「一八一四年3月にはフランスが戦争に負けて、一八一五年3月には再起をはかったナポレオンも負ける」という情勢の変化がありました。そこで、予定を切り上げて帰ってきたんです。

●外国旅行の目的●

秀夫　その旅行の主な目的は、観光だったんですか。

はかせ　「観光目的が半分」といっていいでしょうね。じつは、デーヴィは新婚まもなかったのです。彼はそのとき35歳でしたが、もうカリウムとかカルシウムなど、いくつもの新元素《しんげんそ》=原子《げんし》を発見していました。そこで彼は、感動的な実験をいくつも示しながら、見事な公開講演をすることができました。それに美男で独身だった彼は、若い女性たちにも人気がありました。王認研究所というところは、いつも財政難だったのですが、彼が講演するとなるとたくさんの女性も集まって、研究所はその講演会の入場券の収入でやっと維持《いじ》していけたほどでした。

彼は今だったら、一人でノーベル賞をいくつも取ったことでしょう。そこで、一八一二年4月には国王から〈ナイト＝騎士《きし》〉の爵位《しゃくい》をもらいました。そして、その3日後、金持ちの若い未亡人と結婚したのです。そのため、生活の心配がなくなった彼は、研究所の名誉教授《めいよきょうじゅ》となって、研究だけをする身分になっていたのです。だからデーヴィ夫人にとっては、この旅行は新婚旅行でもあったのです。しかし、デーヴィはファラデーと同じで、研究大好き人間でした。

りか　その旅行と研究とはどんな関係があったんですか。

はかせ　まず、ヨーロッパ各地の科学者と会って、情報交換することがありますね。そのころはテレビも電話もないので、情報交換をするには、会って話をすることが大切だったんです。それに、飛行機も自動車もない時代ですから、気軽に旅行ができない。そこで、外国に行くとなったら、大規模な旅行になってしまったというわけです。

秀夫　外国旅行中にはどんな研究をしたんですか。

はかせ　じつは、英国には火山がありません。しかし、フランスやイタリアには火山があるので、火山の爆発の仕方や溶岩その他の鉱物を調べることも目的に入っていました。イタリアのフィレンツェでは、巨大なレンズを借りて、ダイヤモンドを燃やす実験もしています。

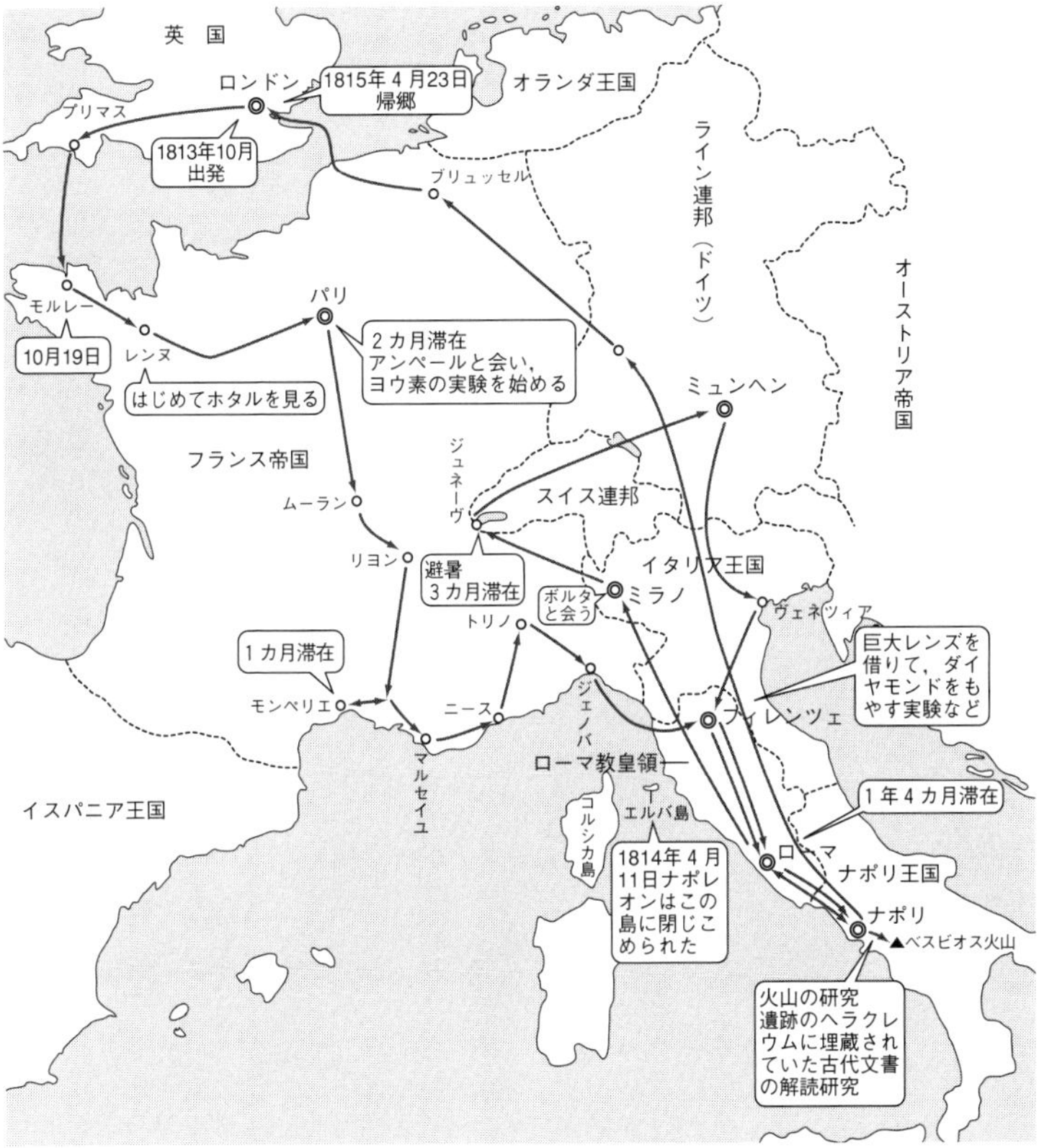
英　国
ロンドン
1815年 4 月23日
帰郷
オランダ王国
プリマス
1813年10月
出発
ブリュッセル
ライン連邦（ドイツ）
オーストリア帝国
モルレー
10月19日
レンヌ
はじめてホタルを見る
パリ
2 カ月滞在
アンペールと会い，
ヨウ素の実験を始める
ミュンヘン
フランス帝国
ジュネーヴ
スイス連邦
ムーラン
リヨン
避暑
3 カ月滞在
イタリア王国
ボルタと会う
ミラノ
トリノ
ヴェネツィア
巨大レンズを
借りて，ダイ
ヤモンドをも
やす実験など
1 カ月滞在
モンペリエ
ニース
ジェノバ
フィレンツェ
マルセイユ
ローマ教皇領
イスパニア王国
コルシカ島
エルバ島
1814年 4 月
11日ナポレ
オンはこの
島に閉じこ
められた
1 年 4 カ月滞在
ローマ
ナポリ王国
ナポリ
▲ベスビオス火山
火山の研究
遺跡のヘラクレ
ウムに埋蔵され
ていた古代文書
の解読研究

パリ／ローマ／ジュネーブに 1 カ月以上滞在
ローマとナポリには 2 回行っている

えみ子　エッ、ダイヤモンドって燃えるんですか。

秀夫　ダイヤモンドって炭素でできているんだよ。だから燃えるんでしょ。ダイヤモンドをガラス容器の中に入れて、巨大レンズを使って太陽光線を一カ所に集めれば、燃えて二酸化炭素になることを確かめることができるんでしょ。

はかせ　よく知っているね。その実験はラヴォアジェ（一七四三〜一七九四）がすでにやっていたんですが、自分でもやって確かめたかったんでしょうね。デーヴィは、旅行中にも、各地の科学者の実験室を借りて実験することもしています。

りか　ヨーロッパ旅行中もほかの人の実験室を借りて実験していたんですか。

はかせ　そうです。デーヴィは何か思いつくと、すぐに実験したくなったんでしょうね。それに、外国の科学者の実験室を見学することは、ファラデーにとってもとても勉強になったと思いますよ。

●実験装置を持っての外国旅行●

それだけでなく、デーヴィはこの旅行中、携帯用の実験装置を2箱、持ち運んでいます。

工作　エッ、すごい。どんな実験道具を持っていったか、わかっているんですか。

はかせ　ええ、わかっています。実験道具箱は2個で、それぞれ次の図のような寸法で、一つ目の箱にはいろいろな化学薬品が入れてありました。もう一つの箱には、〈白金とメノウ製の精密天秤《せいみつてんびん》〉、それに蒸留装置《じょうりゅうそうち》、吹管装置《すいかんそうち》、試験管などの実験器具が入れてありました。ファラデーの一番の仕事は、この実験道具をいつも使えるように管理することだったのです。

デーヴィたち4人の一行は、〈捕虜交換船《ほりょこうかんせん》〉に乗って、10月19日にフランスに到着しました。

ファラデーはフランスで、これまで見たことのない珍しいものをたくさん目にしました。彼はそれまでほとんどロンドンの外に出たこともなかったのですから、それも当然でした。中でも彼が興奮したのは、光る虫＝ホタルでした。英国にはホタルはいないので、英国人みんなにとって珍しい昆虫だったのです。彼はこの旅行のとき、各地でホタルに出会って、「ホタルはどのようにして光るのか」いろいろ実験したことを旅日記に書きつけています。

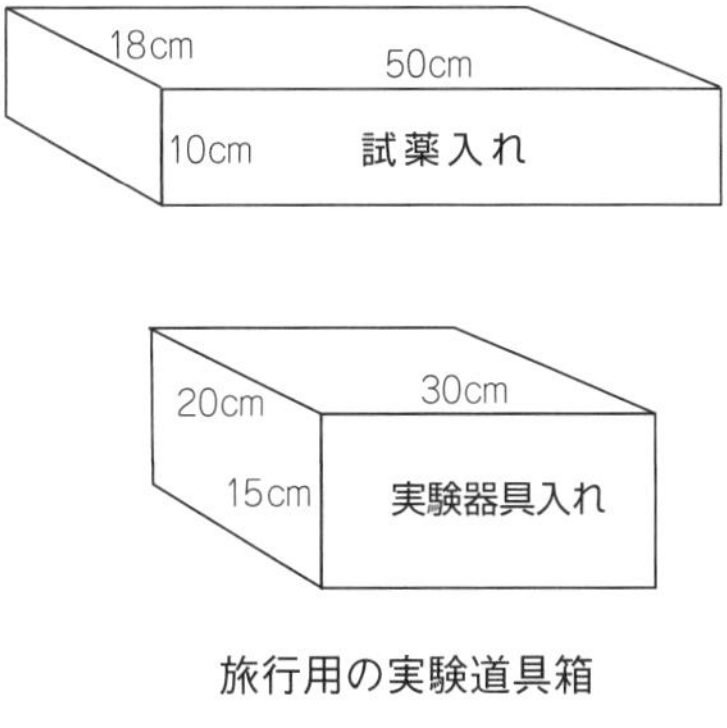

旅行用の実験道具箱

10月29日、一行はフランスの首都パリにつきましたが、彼はそこで完全な孤独を感じました。言葉がまるでわからないのです。彼は中学校にも行っていないので、外国語はまるで知らないのです。彼は一行の秘書役も務《つと》めたので、フランスの役人とも折衝《せっしょう》しなければならなかったので大変だったようです。彼は「早く言葉をおぼえなければ」と思いました。

●濃い紫色の新物質に出会う●

フランスに上陸してから1カ月あまりたった11月23日、英国から持ってきた実験器具が役立つときがやってきました。その日、〈電流の単位のアンペア〉にその名を残しているアンペール（一七七五〜一八三六）さんが二人のフランスの化学者を連れて、宿舎に訪ねてきたのです。

「この物質は私たちの友人で硝石《しょうせき》製造業者のクルトワ（一七七七〜一八三八）さんが発見したものなんですが」と言って、デゾルム（一七七七〜一八六二）とクレマン（一七七九〜一八四一）という二人の化学者は、珍しい物質を出して見せました。そして、

「この物質の一番目立つ特徴は、というとですね」

と言って、その科学者たちは、デーヴィ先生の目の前でその物質を熱して見せました。す

ると、その物質は〈濃い紫色の蒸気〉となって立ち昇るではありませんか。そんな物質はデーヴィ先生も知りませんでした。これまで誰にも知られることのなかった新しい物質だったのです。

そこで、興味をそそられたデーヴィ先生は、ファラデーに「英国から持ってきたあの実験装置を出すように」と指示したのです。そのとき、フランス語のわからないファラデーは、フランス人科学者の話はまるでわからなかったので、デーヴィ先生のつぶやきを聞き漏《も》らすまいとして耳をそばだてながら、実験を手伝いました。彼は、自分の「旅行日記」の中に、「先生は一通り実験した結果、〈これは塩素と何か未知の物質との化合物ではないか〉と見当をつけたようだ」と書き込みました。

フランス語はわからなくても、彼はデーヴィ先生の指示に従って、実験装置を用意したのですから、その実験の結果を目の前で見ることができました。

その物質は、光沢《こうたく》のある小さな鱗片状《りんぺんじょう》の物質でした。まるで黒鉛《こくえん》＝石墨《せきぼく》のように見えましたが、この物質を熱するといきなり気体になりました。ドライアイスも温めると、液体にならずにいきなり気体になりますが、それと同じです。これが「昇華《しょうか》」という現象であることは、ファラデーも知っていました。

この物質の入った瓶を手でにぎって少し温めると、もうそれだけで、中の物質は昇華《しょうか》、つまり気体になりました。そして、その蒸気は瓶《びん》の上のほうでまた、きれいな結晶になって、瓶《びん》の内側をすぐに紫色にするのです。

この物質はアルコールに溶けやすく、溶けると濃褐色《のうかっしょく》の溶液になりました。また、その液体に硝酸銀溶液《しょうさんぎんようえき》をまぜると、沈殿《ちんでん》が生じましたが、その沈殿物の一部を紙にのせて日光に当てたら、たちまち色が変わりました。

その物質は水銀をいっしょにしておくと、少しずつ化合が進んで、新しい化合物ができました。そこで、その化合物を熱すると、はじめはダイダイ色、次に黒色になり、しまいには赤くなりました。

工作　デーヴィさんは、そういう実験をみんな、旅行中にやったんですか。

はかせ　そう、ファラデーを助手にして、こういう実験をつぎつぎとやったのです。旅先のフランスで、これまで見たことのない新しい物質の性質を、こうしてつぎつぎと解明していったのです。

デーヴィ先生は、11月30日にも、12月1日にも、クルトワさんの発見した新物質の実験をつづけました。

その結果、「この物質は多くの金属と一緒にすると、激しい化学変化を起こす」ということも確かめました。鉄、亜鉛《あえん》、スズ、カリウム、その他の金属で実験してそのことを確かめました。

「リンと一緒に熱するとすぐに化合する」ということも確かめて、「初めは燃えやすいガスが発生し、次に強酸性の蒸気が発生する」ということも確かめました。

こうやって書いていると、きりがありません。そこで、ファラデーがその「旅日記」に書き留めた実験の内容を、これ以上いちいち書かないことにします。ともかくたくさんの実験を重ねた末、実験道具の不足を感じたのでしょう、12月3日、デーヴィはファラデーを連れて、パリの植物園の実験室を訪ねて、その実験室を借りて新物質の研究を続けました。

りか　その物質は、どこで発見されたんですか。

はかせ　この新物質は、クルトワさんが海草の灰の中から取り出したものでした。ファラデーはそのことを知って、その旅日記の中にこうも書いています。

「海草のようにありふれたもので、〈すでによく研究されている〉と思われていたものの中から、このように珍しいものが発見されたということは、現代の化学者の研究心を強く刺激するものだ。〈化学が完全に知り尽くしている〉と思われていた方面でも、まだまだ研究し尽くされていなかったことがわかったのだ」

デーヴィはその後さらに、「電流を使ったら、この物質を分解できるかもしれない」と考えて、実験しました。しかし、この物質は分解しませんでした。

りか　その物質は元素っていうか、新しい種類の原子だったからですか。

はかせ　そうです。そこでデーヴィも、この物質は「これまで知られていなかった新しい原子だけからできている物質＝新元素らしい」と思うようになりました。じっさい、これは〈ヨウ素〉という新しい元素＝新原子だったのです。

えみ子　ワァー、すごい。ファラデーは、新しい原子が発見されるのを目の前で見ちゃったんだ。

はかせ　そうとも言えますね。この物質を初めて見つけたのはクルトワという人ですが、それまでずっとそれが「新しい元素＝原子である」ということはわからなかったんです。デーヴィはそれが新原子であることを確認したのですが、そのことは「新しい原子を発見した」のと同じことになります。

工作　そうか、「そういう新発見がどのようにして行われたか」ということを目の前で見ることができれば、誰だって研究の仕方がわかりますね。ファラデーさんは危険をおかしてデーヴィ先生のお供《とも》をして、敵国まで行って、とても得したことになりますね。

はかせ　そう、まさにその通りでしょう。この外国旅行は、ファラデーにとって立派な大学院教育の役目をしたに違いありません。研究所でデーヴィの助手をしていても、こんな体験はそう容易にはできませんからね。

秀夫　そうかあ。「科学者になるにはすぐれた科学者の近くにいるといい」というのは、そういうことなんですね。

りか　外国旅行中なら、その間ずっと先生が何をしていたか、完全にわかってしまうもの。ファラデーさんは世界一いい先生に密着取材をする結果になったんだ。それで大科学者になれたんですね。

はかせ　そういうことも無視できないでしょうね。科学研究というのは、研究の現場で、「ああ、こうやって研究するのか」と教わることが一番いいに違いないんです。その後、ファラデー自身も、デーヴィと同じように徹底した実験をやるようになるのです。

■王認研究所と王立研究所■

この本に出てくる「王認研究所」というのは、英語では「Royal《ロイヤル》 institution《インスティチューション》」を訳したもので、他の多くの本では「王立研究所」と訳されているものです。わざわざほかの本と違う訳語を使ったのは、「王立研究所」と書くと、日本の「国立研究所」のように誤解されるのを恐れたからです。英国の「ロイヤル」というのは、必ずしも「国王が設立した＝王立」ではなくて、「国王が認可した」ということに過ぎないのです。そこで、王認研究所はいつも財政難でした。その代わり、イギリスは、「国家や国王に頼らずに自分たち自身の手で科学研究をすすめる」という自主独立の伝統を築くことができたのです。ロンドン王認学会というのも、英語の「Royal《ロイヤル》 Society《ソサエティ》」の訳語で、ふつうは「王立学会」と訳されているものですが、これも「国王や国家が設立した学会」ではなくて、もともと民間の有志が設立したものなのです。

第3章

安全ランプの発明

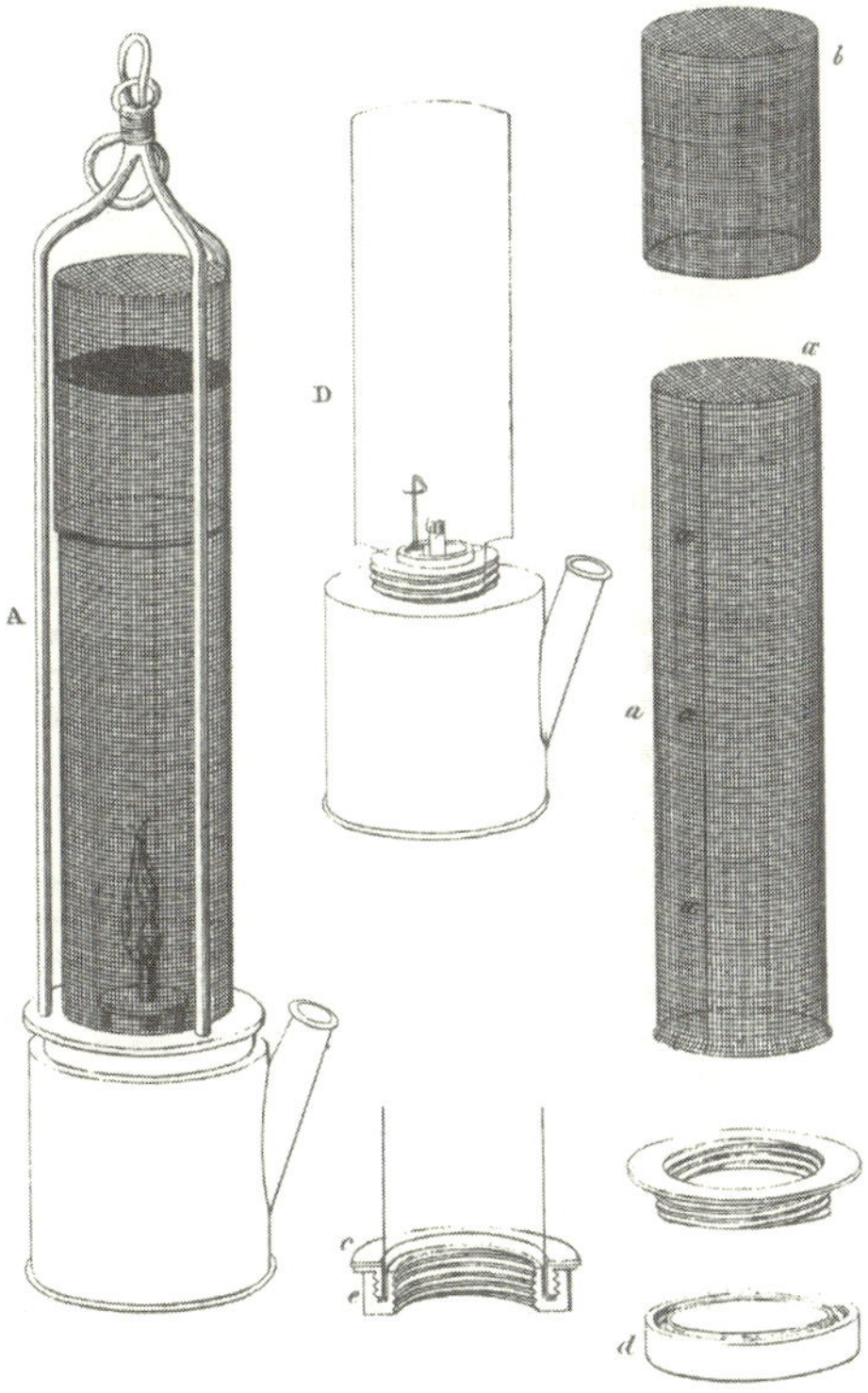

デーヴィが発明した安全ランプ。
まわりに金網のカバーがついていて
その外側では温度が下がるようになっている。
（デーヴィの論文から）

一八一五年4月23日、ファラデーはやっと懐《なつ》かしいロンドンに帰ってきました。大陸旅行中のファラデーは、その「旅行日記」や母親などへの手紙によると、かなりホームシックにかかっていました。そこで、「やっと帰って来た」という言葉がぴったりするのです。

ロンドンに帰ってきたばかりのファラデーの身分は不安定でした。彼は、デーヴィ先生が研究所の化学教授を退職して名誉《めいよ》教授になる寸前に研究所に就職して、デーヴィ先生の実験を手伝うことになったのです。それなのに、当のデーヴィ先生が教授をやめて、外国旅行をすることになったので、研究所をいったん退職してその大陸旅行について行ったので、研究所の助手ではなくなっていたのです。

ファラデーは、パリやローマでは、フランス語やイタリア語の辞書を探しに本屋さんに行きましたが、そのついでに製本の仕事場ものぞきこまずにはいられませんでした。ローマの本屋の製本の仕事場には、白い大理石のコリント風の石柱の上の部分があって、それを製本の叩《たた》き台に使っているのを見て、その豪華《ごうか》さに驚きました。しかし、「その仕事は力強くも優雅《ゆうが》でもない」と、日記に書いていました。

それだけではありません。帰国の時期が近づいてきた一八一五年1月25日に友だちのアボットに出した手紙の中で、彼は、

「国に帰ったら、私は元の職業に戻って本屋をやるつもりだ。何ものにもまさって私を慰《なぐさ》めてくれるものは、今でもやっぱり本だ」

と書いていました。以前、何とかして「科学に近い仕事をしたい」と頼みこんで、やっとのことでデーヴィ先生の助手にしてもらったのに、「帰国したらもう研究所に勤めることはできないだろう」と不安になっていたのでしょう。しかし、帰国後まもなく、彼は王認《おうにん》研究所の実験助手に再就職することができたのです。

ファラデー

　デーヴィ先生が化学教授を引退した後は、ブランドとい

う人が化学の教授となっていました。そこで、主にその先生の仕事を手伝ったり、外部から研究所に実験しにくる人びとの手伝いをすることがファラデーの仕事でした。正式には「助手・兼〈実験装置・鉱物収集室〉管理者」という仕事で、給与は週給30シリングに増えて、また研究所の中に住むことになりました。

ブランド（一七八八〜一八六六）という人は、デーヴィ先生よりちょうど10歳年下で、ファラデーより3歳しか年上ではありませんでした。「先生」というよりも「兄さん」といったところです。この人は薬剤師のところに徒弟《とてい》奉公したあと、一八〇八年からロンドンで物理学や化学、薬学について講義して認められるようになり、一八〇九年4月にはすでに英国の科学の最高機関であるロンドン王認学会の会員に選ばれていました。「徒弟奉公」といっても、薬剤師というのは化学を研究するのですから、製本屋の徒弟奉公とは違って、科学者と認められていたのです。だからデーヴィの後任となれたのです。

しかし、数々の目ざましい発見を重ねたデーヴィと比べると、明らかに見劣りします。そのために、日本ではほとんど知られていないのですが、当時の英国の科学界では重きをなしていた人で、研究所の化学教授になって間もない一八一六年から一八二六年までは、ロンドン王認学会の事務局長の地位にもついていました。

●炭坑で安心して使えるランプの考案●

研究所に再就職したファラデーの最初の仕事は、「炭坑で安心して使えるランプの発明」の仕事でした。

一八一二年の5月25日、イングランドの最北部にある炭坑《たんこう》で大爆発事故が発生しました。当時はまだ石油の有用性が認められていない時代で、家庭でも工場でも、エネルギーというと石炭だったのですが、その石炭を掘る炭坑で爆発事故が起きたのです。その頃の炭坑ではしばしば爆発事故が起きましたが、そのときの爆発事故では、92人もの人が死にました。そこで、一八一三年10月に「炭坑事故予防協会」が結成されて、デーヴィに助言を求めることにしました。しかしそれは、デーヴィ一行がフランスに旅立った直後のことでした。そこでデーヴィは、大陸旅行から帰るとすぐに依頼を受けて、その問題の研究をすることになりました。研究所の教授を勇退《ゆうたい》していたデーヴィでしたが、名誉教授として、研究所のファラデーを助手にして、その問題の解決に当たることになったのです。

みなさんだったら、こういうとき、どのようにして研究しますか。

りか　炭坑で爆発事故というのはどうして起きるのですか。

はかせ　そう、まず「事故の原因」を調べることが大切ですね。
工作　爆発というのはさ、火薬のように何か〈燃えやすいもの〉に火が乗り移って、一瞬のうちに燃えるから起きるのでしょ。
えみ子　炭坑というのは、石炭を掘る鉱山なんでしょ。だから、その石炭の粉なんかがいっぱいあるんじゃないですか。
りか　そうか。炭坑には、石炭の粉だけでなく、その石炭がもとになって、燃えやすい気体もたくさんできているんじゃないの。
はかせ　そうです。そういう可能性もありますね。そこで、デーヴィはまず、〈その炭坑で爆発を引き起こしたと思われる気体〉を送り届けるよう、頼みました。そして、届いた気体をファラデーに分析《ぶんせき》させました。
秀夫　それはメタンだったりして。
はかせ　そうそう、よく思いついたね。メタンだったんです。じつは、デーヴィとファラデーは大陸旅

メタンCH_4の分子模型（１億倍）

行中に、〈地中からガスが発生して、水をブクブクいわせたり、炎をあげて燃える場所〉があることを知って、「それはメタンガスの仕業《しわざ》だ」ということを確かめる実験をしたことがありました。そこで、メタンのことをよく知っていたんです。

えみ子　どこで、どういう実験をしていたんですか。

●地下から出てくる燃えるガスの謎●

はかせ　それは一八一四年10月20日のことで、場所はイタリアの中央あたりにある〈悪魔《あくま》石村《いしむら》〉という村です。その村には、「〈悪魔石の火〉とか〈木質《きしつ》の火〉と呼ばれるとても珍しい現象が見られる」というので、馬車をとめて調べたんです。実はそのとき、はげしく雨が降っていたんですが、「時間がないからすぐに実験してみよう」というので、二人は二カ所にわかれて調べました。

ファラデーは〈沸《わ》き立ち水〉と呼ばれているところに行くことになって、案内の村人について行きました。問題の場所は、石灰岩《せっかいがん》の山から少し離れた畑でした。そこは「ただの水溜《みずた》まり」のように見えました。地下から出てくるガスが水をボゴボゴ沸《わ》き立たせているだけで、水も土も冷たいままでした。そこで、持ってきた水で新しい水溜まりをつくってみたら、その水もブクブク沸騰《ふっとう》しているように見えました。直径45cmくらいの土地に絶えずガスが噴出《ふんしゅつ》しているのです。すぐ隣は畑で作物ができていました。

そこで、案内の村人がワラに火をつけて地上に置いてみました。すると、その火がガスに燃え移って、炎が地上に広がり、アルコールの炎のようにゆらめきました。そのガスには臭気《しゅうき》がありません。水中から上がってくる泡《あわ》に火を近づけると、すぐに燃えることがわかりました。そこで、ファラデーはそのガスを瓶の中に集めて燃やすなど、簡単な実験をしてみました。

あなた方なら、どんな実験をしてみますか。

りか　わたしなら、そのガスを燃やして、その上に冷たい物を置いてみます。

えみ子　エッ、なんでそんなことするの。

秀夫　そうか。「そのガスが燃えた結果、水蒸気ができているかどうか」を確かめるためだろ。

えみ子　どうして、そんなことが確かめられるの?

りか　水蒸気ができていれば、その水蒸気を冷やすと水滴がたまって、くもって見えるのよ。

秀夫　冷たいものが水滴でくもれば、「そのガスには水素原子《すいそげんし》が入っていて、それが空中の酸素と化合して水蒸気になった」ということがわかるわけだよ。

はかせ　君たちも、燃焼の化学についての知識をけっこう持っているわけだ。

工作　それで、ファラデーもそういう実験をやってみたんですか。

はかせ　そう、君たちの考え通りの実験をやってみました。ファラデーは、そのガスが燃えている炎の上に乾《かわ》いた瓶《びん》やナイフをあてがって、くもるのを確認しています。

秀夫　そうか。乾いたナイフでもいいわけですね。ガラス瓶で実験するのは知っていたけど、冷たくて乾いているものであれば、何でもいいわけですね。

えみ子　だけど、その時は雨がジャンジャン降っていたんでしょ。そんな中で本当にそんな実験をしたんですか。

はかせ　ファラデーは本当に雨の中でそんな実験をやってみています。そこで、「このガスには水素原子が含まれているらしい」と考えたんですが、「なにしろ雨の中での実験で、確かなことがわからない」と書いています。

えみ子　やっぱり好奇心がすごいんだ。

工作　それでファラデーは、そのガスを瓶《びん》に入れて持ちかえったのでしょ。

はかせ　よく気がつくね。その通りです。デーヴィ先生が行ったところでは、炎の高さが1.2メートルに達するものがあったりして、ずっと大規模だけど同じ現象だということがわかりました。その6日後、デーヴィとファラデーは、フィレンツェの宿舎で〈悪魔石の火〉の正体を突き止める実験をしました。問題のガスと酸素を長い試験管の中に入れ、それを水銀の上に立てて、燐《りん》を使って爆発させる実験もしてみました。その結果、「おそらく炭素と水素を含んでいるだろう」ということになりました。

えみ子　携帯用実験器具の中には、細長い試験管だの、水銀だの燐《りん》だのというものが入れてあったんですね。

秀夫　それで、結局のところ、その気体がメタンだってことがわかったんでしょ。

はかせ　そう、その通りですが、本物の科学者はそう簡単には結論を下《くだ》しません。デーヴィ先生は「携帯用の実験装置だけでは完璧な実験はできない」というので、フィレンツェの科学者に頼んで、150年もの昔には世界にその名を知られていた「フィレンツェ実験アカデミア」の実験室を借りることができるように手配しました。その実験室はもうほとんど誰も使わないでいるようでしたが、携帯用実験装置だけで実験するよりは役立ちました。

デーヴィ先生は、ファラデーを指揮して「ガラス管に白金線《はっきんせん》（プラチナの針金）を封入したもの」を作らせました。その中で火花を飛ばせることにしたのです。そして、〈採集してきたガス〉と酸素ガスを11対21の割合で混ぜ、何度も爆発させせました。

秀夫　何でそんなことをするんですか。

りか　ガスを酸素原子と完全に化合させるためじゃないの。

工作　そうか。ガラス管の中で反応を起こさせて、その前後の体積を調べれば、「その中に含まれている分子の数」がわかるというわけだよね。

はかせ　まあ、そういうわけだね。その結果、はじめ31だったガスの体積が12にまで減るのを確かめました。ずいぶん減ったわけです。それからさらに、残ったガスにカリウム溶液を入れて、よく振ってその体積を調べたり、元のガスに2.5倍の塩素ガスを加えて放電してその体積の変化をみるなどして、問題のガスの正体を突き止めたのです。

えみ子　はかせ！　わたしにはまるでわかりません。

はかせ　いや、ごめん、最後の話はわからなくていいんです。ここではただ、デーヴィ先生は「旅行中に、一つの気体の正体をこうしていろいろな実験をして突き止めた」ということを知ってほしくて付け加えたというわけです。

えみ子　それで、その気体はどんな原子からできている、と突き止められたんですか。

はかせ　その気体は「炭素原子と水素原子だけの化合物だ」ということになりました。

●安全ランプの発明●

話を元にもどしましょう。デーヴィとファラデーは、「炭坑《たんこう》で爆発を起こすのはメタンだ」ということを知ると、今度は「炭坑でメタンを爆発させないようにするにはどうしたらいいか」という研究に進みました。

えみ子　メタンっていうのは、火を近づけるだけで燃える気体なんでしょ。それなら、それを爆発させないようにするためには、火を近づけないようにするほかないんじゃないですか。

工作　そんなこと無理だよ。そのころはまだ電灯も発明されていないんでしょ。ライトといえば、ガス灯《とう》っていうのかな、火を燃やすランプだけしかなかったんだよ。火を近づけないようにするには、ライトなしに真っ暗な中で仕事をしなくてはいけなくなるよ。

秀夫　そう言えばそうだね。ランプを燃やして仕事をするには、メタンガスの警報機を取り付けて、メタンガスが発生したら仕事を中断して、何かの方法でそのガスを除去するよりほかないんじゃないの。

りか　だけどさ。メタンガスっていうのは、火を近づければ必ず爆発するのかしら。メタンガスだって、爆発するにはいろんな条件が必要なんじゃないの。ガスが薄ければ燃えもしないいんじゃないいの。

工作　そう言えば、油だって、なかなか燃えないんだよ。いくら「燃えやすいもの」だって、条件がそろわないと、燃えださないんだよ。

えみ子　そうか。台所では、油でてんぷらを揚げることがあるけど、鍋の下に火があったって、すぐに鍋の中の油に引火《いんか》して燃えるわけではないわね。

りか　そうそう。だから、メタンガスが爆発する条件を詳しく研究すれば、ランプをつけても、その火がガスを爆発させないようにすることができるかもしれないわよ。

秀夫　そう言えば、「いくら燃えやすいものでも、それがある温度以上に達しないと燃えない」という話を聞いたことがある。

はかせ　みんな、頭がいいね。デーヴィなみ、ファラデーなみ、というところだね。二人もそう考えて、「メタンガスの爆発の条件」を調べてみました。その結果、「爆発は〈メタンガスにその体積の7~8倍の空気が混じっているとき〉に、もっとも爆発しやすい」ということが突き止められました。メタンガスばかりでも、空気が多すぎても、爆発しないのです。それに、「いくら爆発しやすい混合比《こんごうひ》でも、ある温度以上にならないと爆発しない」ということがわかりました。

りか　それなら、炭坑の中でいくらランプを燃やしても、その温度以上にならないと爆発しないんですね。

えみ子　ランプのまわりの火の温度を下げるにはどうしたらいいの？

工作　ランプの管を細くすればいいのかなあ。

りか　ランプをガラスか何かで囲ってしまったらいいのかしら。

えみ子　だけど空気がなかったら、燃えなくなってしまうでしょ。

りか　それには、空気の流れる通路を作ってやればいいのよ。そうだ。排気ガスは熱くなるから危険かもしれないわよ。だから、その通路は金属でおおってやって、熱を逃げやすくしてやればいいいんじゃない？

はかせ　そこまで考えついたら、後はいろいろ試してみればいいのです。デーヴィ先生とファラデーは、ランプをいろんなもので囲って実験してみました。そして、「ランプを金網で囲んでやれば、それだけで温度が下がって、引火《いんか》しない」ということがわかりました。

秀夫　えっ、金網で囲むだけでいいんですか。簡単なんだなあ。

はかせ　そうです。こうして「炭坑でも安心して使えるランプ＝安全ランプ」が発明されたのです。できてしまえばとても簡単な工夫でしたけど、これは大発明でした（55ペの図参照）。

工作　「大発見とか大発明とかいうものだって、できてしまえば、とても簡単なものが多い」って聞いたことがあるけれど、ほんとにそうなんですね。

秀夫　デーヴィさんはその発明で大儲《おおもう》けしたんですか。

はかせ　いや、大儲けはしていません。彼はその「安全ランプ」の発明の特許《とっきょ》を取らなかったからです。その代わり、彼はこの発明の功績を認められて、国王から「準男爵《じゅんだんしゃく》」という貴族の爵位《しゃくい》を授《さず》けられました。

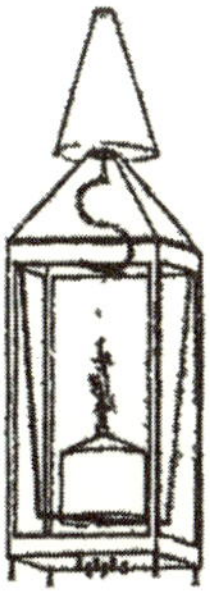

ファラデーの描いた
安全ランプの図

秀夫　科学者で貴族になった人というと、ニュートンがいるでしょ。ニュートンとデーヴィとでは、どちらの爵位のほうが上ですか。

はかせ　よく知ってるね。いま私の書いた『科学者伝記小事典』（仮説社、二〇〇〇）を引いてみますからね……。ニュートン（一六四二〜一七二七）は一七〇五年にナイト＝騎士《きし》になっています。デーヴィも一八一二年にナイトになって、その上さらに一八一八年に準男爵《じゅんだんしゃく》になったのです。だから、デーヴィのほうが爵位《しゃくい》の点では上だったことになります。
工作　そうか。安全ランプの発明というのは、それほど重要な発明だったわけだ。
えみ子　ファラデーも爵位をもらっているんでしょ。
はかせ　いや、ファラデーは爵位をもらってはいません。彼は「爵位をもらうのを断《ことわ》った」ともいいます。彼は結婚したとき、それまで妻の属していた〈サンデマン教会〉というキリスト教の中の小会派の信者となったのですが、その教会は世俗的な出世を嫌ったこともあって、彼も世俗的な出世を望まなかったのです。デーヴィは王認学会の会長にもなりましたが、ファラデーは一八五八年にその会長になるのも断《ことわ》っています。

●科学の基礎知識の習得●

えみ子　それならさあ、ファラデーさんは、安全ランプを発明したっていうか、その発明を手伝ったあと、次々と大発明・大発見をしたっていうわけですか。
はかせ　いや、そうはいきません。大学も中学高校にも行っていない彼には、まだ科学についての基本的な知識に不足するところがあったのでしょう。大陸旅行から帰って安全ランプの発明が一段落すると、彼は研究所に入る前に参加していたテータム先生の主催している〈市民理学会〉の仲間たちのところに加わりました。何事にしろ、同じような関心と知識をもった人たちと一緒にいるのが、一番の勉強になるからです。

しかし、安全ランプの発明の手伝いで自信を得たファラデーは、もう「聞き手」ではありませんでした。帰国1年後の一八一六年1月から、彼は市民理学会で連続講演をはじめました。第一回は「物質の通有性＝一般的な性質」でしたが、その後「凝集《ぎょうしゅう》力／親和《しんわ》力／輻射《ふくしゃ》物質／酸素・塩素・ヨウ素・フッ素／水素／窒素《ちっそ》／大気／硫黄《いおう》と燐《りん》／炭素／燃焼／金属一般／金・銀・水銀など／銅と鉄／錫《すず》・鉛《なまり》・亜鉛《あえん》／アンチモン・砒素《ひそ》／アルカリと土質／物質の形態」と続きました。彼は一八一九年までその連続講演を続けたのです。

一八一六年7月には、ブランド教授が中心になって「研究所の雑誌」を創刊することになり、ファラデーもその編集を手伝いましたが、その創刊号には彼の「トスカナ産の生石《せいせっ》灰《かい》の分析《ぶんせき》」という論文が載りました。わずか2ページの短い論文ですが、これがファラデーの処女《しょじょ》論文です。「トスカナ」というのは大陸旅行中に立ち寄ったイタリアのフィレンツェを中心とする地域のことですから、大陸旅行のときの宿題を果たしたわけです。

ファラデーが自分独自のテーマで始めた本格的な研究というと、一八一八年に始めた

〈鋼《はがね》の研究〉といっていいでしょう。これはストダートという人との共同研究でした。刃物商人のストダートさんは、一七九五年以来「インド産のウーツ鋼《こう》はどの鋼《はがね》よりもすぐれている」ということに気付いて、「ウーツ鋼《こう》に負けない鋼《はがね》の製造」を目標に研究していました。そこで一八一八年以来、ファラデーとの共同研究が始まったのです。ファラデーはもともと鍛冶屋《かじや》の息子でしたから、鋼《はがね》には関心があったのでした。この研究は初期の目標を達成することなく、ストダートさんが一八二三年に死ぬまで続けられましたが、ファラデーはその研究の中で「鋼《はがね》の性質を決定するのは結晶構造《けっしょうこうぞう》だ」ということを明らかにして、その後の「鋼《はがね》の研究の方法」を明らかにすることになったのでした。

ファラデーが電気の研究で「世界最初のモーター」ともいえる大発見をしたのは、一八二一年9月のことで、彼の名は一躍《いちやく》有名になりました。しかし、その話は次の章で取り上げることにします。

彼の電気以外の研究というと、まず「気体の液化」の研究があります。

●塩素の液化の発見●

「塩素ガス」というのは、スウェーデンの化学者シェーレ（一七四二～一七八六）が一七七四年にはじめて作りだした物質です。しかし、それはずっと「何かの化合物ではないか」と思われていました。何しろそれは気体なのに、黄緑色をしていて、水素・酸素・窒素などの「一種類の原子でできた気体」とはまるで違うのです。だから「何かの化合物ではないか」と思うのは当然のことともいえました。それなのに、はじめて「塩素は一種の元素で、一種類の原子だけでできている」と断言したのは、デーヴィ先生でした。

「水素・酸素・窒素・塩素」などの気体元素は、液体にはなりませんでした。ふつうの液体や固体は、〈水蒸気〉のように、熱すると蒸気になりますが、冷やすとまた液体や固体に戻ります。たいていのものは、「固体⟷液体⟷気体」と三態変化《さんたいへんか》するのです。ところが、水素・酸素・窒素・塩素などは、三態変化をしませんでした。そこで、多くの科学者は、「水素・酸素・窒素・塩素などの気体元素」を「永久気体」と呼んでいました。そして、「ふつうの物質は三態変化するけれど、永久気体だけは三態変化しない」と考えていたのです。

デーヴィは「塩素は元素だ」とはじめて断定した人だけあって、塩素には特別な愛着《あいちゃく》がありました。そこで、その弟子のファラデーにとっても、お気に入りの研究対象となっていました。

それは一八二三年のことです。ファラデーは塩素を凍らせる実験をはじめました。その実験は成功して、塩素が凍って固体になったように見えました。しかし、それを見たデーヴィは「それは塩素と水の化合物ではないか」と言いました。そこで、ファラデーはその固体の成分を分析してみたところ、やはり「塩素と水の化合物＝塩素水和物《すいわぶつ》」であることがわかりました。デーヴィはそれを聞いて、「それを加熱するとおもしろいことがおこるかもしれないよ」と言いました。そのころ、デーヴィは研究所の教授をやめて名誉教授だったのですが、ファラデーの研究を見守っていたのです。

そこでファラデーは、その〈塩素水和物《すいわぶつ》の固体〉を吸取紙に挟んで湿気をよく取り去ってから、試験管に入れて密封《みっぷう》しました。そしてそれを熱したところ、試験管の中に二種類の液体ができました。大部分は淡黄色の液体で、その下側に濃黄色の油状の物質があったのです。

その日は、医者で化学者のパリス（一七八五〜一八五六）という人が、デーヴィ先生と夕食を一緒にする約束で研究所に来ましたが、少し早く着いたというのでファラデーの実験室をのぞきにきました。そして、ファラデーの使っている試験管の中を見て、冗談《じょうだん》に言いました。

「アレッ、汚れている試験管を使っているぞ」というのです。そこでファラデーは試験管を見直して、「そう言われてみれば、そうも見えるな」というので、その試験管の口をヤスリで切断しました。

するとと、どうなったと思いますか。

工作　爆発したとか……。

えみ子　それでパリスさんが怪我をしたとか。

はかせ　そうです。爆発したんです。どうして爆発したと思いますか。

秀夫　「どうして」って、「空気中の酸素と化合して」ですか。

りか　それとも、試験管の中の液体が、急激に蒸発して飛び出したんですか。

はかせ　そうそう、中身が一気に飛び出して、調べて見ようと思った油も消えてなくなってしまったんです。

りか　わかった！　それまで封がしてあった試験管の中には、大きな圧力がかかっていたんだ。それなのにその封を切ったから、試験管の中にあった液体は、一気に蒸発して空中に飛んでいってしまったんだ。そうでしょ、はかせ。

はかせ　そうそう、そういうわけです。それからまた、ファラデーの徹底的な追跡調査が始まりました。その結果、彼は、「封入した試験管の中にできた濃黄色の油状の物質」は、塩素そのもの、つまり「液体塩素」であることを突き止めたというわけです〈淡黄色の液体〉の部分は、少し塩素が溶けた水〉。

工作　「科学上の発見というのは、しばしば偶然によって行われる」というけれど、この場合もそうだったわけですね。

はかせ　「大発見」というのは、たいていは「それまで誰も予想していなかったこと」を発見することだから、偶然に起こることは当然とも言えるんです。ときどき、「それは偶然の発見だから、運がよかっただけだ」などと言う人がいますが、「運がよかっただけ」などとは言えません。

りか　そうか。最後的には偶然にしろ、その偶然が起こるように仕組んで、はじめて偶然が起きるんですものね。

はかせ　そうそう、まったくの偶然だと、たいていの人は見逃してしまいます。それで、後から同じ偶然を生かして大発見をした人が現れると、「ああ、私にも同じ偶然が起こったのに見逃してしまったんだなあ」ということになるんです。

●気体の液化の条件＝臨界温度の発見●

はかせ　ファラデーのこの発見は、ただ単に「塩素という気体の液化に成功した」というだけのことではありませんでした。それは、「これまで〈液体にはなりっこない〉と思われていた気体、つまり〈永久気体〉と呼ばれていた気体」も、「ふつうの物質と同じように三態変化《さんたいへんか》するのではないか」という仮説に大きく道を開くことになったのです。そういう意味で、これはとても大きな発見として迎えいれられるようになったんです。

しかし、ファラデーの「塩素ガスの液化」の発見で、すべての科学者がそう思ったわけではありません。中には、「塩素は例外だ。あれには色がついているから、私は永久気体ではないと思っていた」という人もいたことでしょう。

秀夫　そういう人を説得するにはどうしたらいいのかなあ。

りか　それには、「一般に気体が液化するにはどういう条件が必要か」ということから徹底的に調べて、これまで液化できなかった物質を液化して見せることが役立つんじゃないですか。

はかせ　そうそう。ファラデーもそう考えたんでしょう。それから〈一般に気体が液化する条件〉を研究して、いろいろな気体を液化する研究を続けています。

えみ子　わっ、りかさん、いい線いってるじゃないの。
りか　「わたしもファラデー」っていうわけ？
工作　そうそう。「みんなファラデー」っていうわけだよ。
はかせ　そうそう、その通り。それで一八四五年には、「気体を液化するためには圧力をかけることが効果的だが、いくら圧力をかけても〈ある温度以下に下げなければ液化しない温度〉がある」ということを明らかにすることに成功しました。その温度のことを「臨界《りんかい》温度」というのですが、彼は、実際にアンモニア・二酸化炭素・二酸化窒素・塩化水素・硫化水素などを液化することに成功しました。普通、気体を液化するには、「温度を下げることが必要だ」と思うわけですが、ファラデーはまず「圧力をかけることが大事だ」ということに気付いたので、「温度を下げること」の発見があとになったのです。

第4章

磁力線のすばらしさの発見

世界最初のモーターの発明

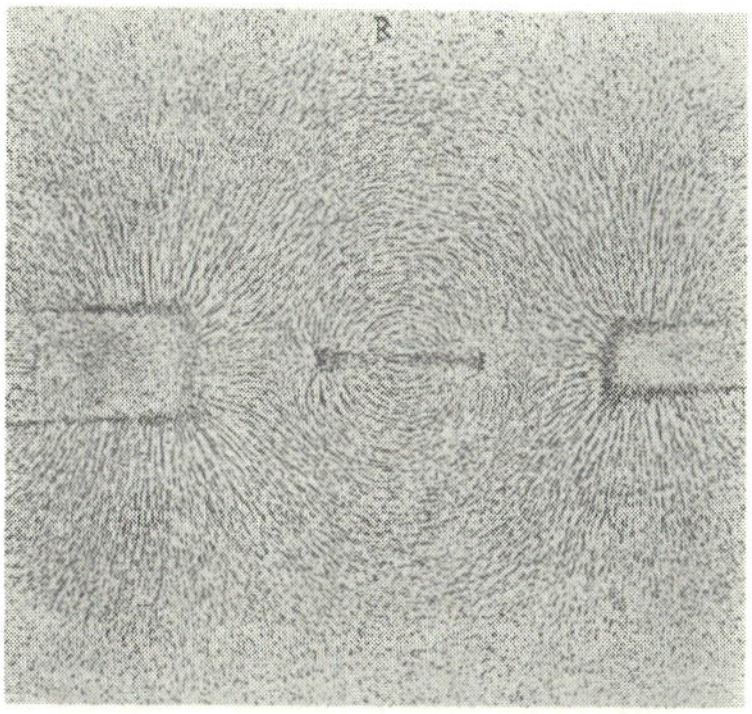

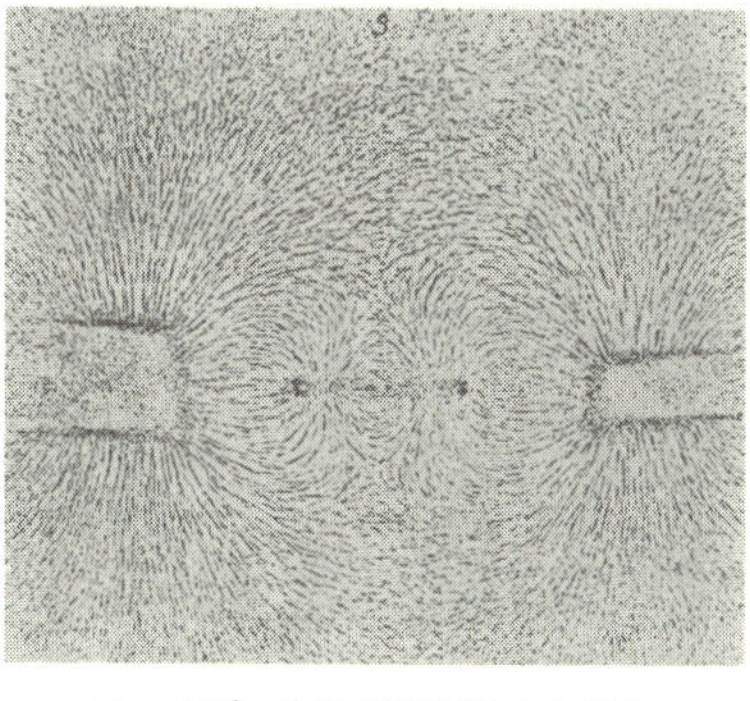

ファラデー自身が磁石のまわりに
砂鉄をまいて描かせた磁力線の図
（ファラデーの『実験日記』より）

第3章では、「塩素ガスその他の気体の液化《えきか》」の話をしました。その研究もおもしろい研究でしたが、ファラデーはその研究をはじめる少し前に、もっと重大な研究に挑戦していました。それは「電磁気学《でんじきがく》」です。

●電気と磁石の似ているところ●

電気と磁石とは、とても似ています。

はかせ　みなさんは、磁石と電気とはどんなところが似ていると思いますか。

えみ子　両方とも、引き合うでしょ。

工作　反発することもあるよ。

えみ子　えっ、引き合うだけじゃないの？

りか　そうよ。両手でドーナツ型磁石を1個ずつ持ってさ、同じ極同士を向き合わせると、反発しあって、とても変な感じがする実験をしたことあるもの。

えみ子　そうそう、思い出した。だけど、電気も反発しあうの？

秀夫　そうさ。磁石にはN極とS極があるだろ。電気にも＋《プラス》電気と－《マイナス》電気があるじゃないか。そして、同じ電気同士は反発しあって、違う電気同士は引っ張りあうんだよ。

工作　そういえば、「万有引力《ばんゆういんりょく》」というのはあるけど、「万有反発力《ばんゆうはんぱつりょく》」というのはないんだろ。電気と磁石には、二種類のものがあって、引力と反発力とがあるところがとても似ているね。

はかせ　そういうわけです。電気と磁石とは「似たもの同士」です。そこで昔の人びとは、しばしば電気と磁石をごちゃまぜにしたほどです。今でも電気と磁石をごっちゃにする人がいます。コインはみんな電気をよく通しますが、磁石に吸いつくものは、一部です。とくに日本の現行のコインには、磁石に吸いつくものはありません。それなのに、「コインはみんな電気を流すから、磁石にも吸いつく」とか、「コインは磁石に吸いつかないから、電気を通さない」と思っている人が少なくないのです。

では、「電気と磁石とはどこがどう違う」と言ったらいいのでしょう。

秀夫　磁石は鉄やニッケルだけしか吸いつけませんが、電気は軽いものは何でも吸いつけます。

えみ子　えっ、電気って、軽いものなら何でも吸いつけちゃうの？

はかせ　そうです。大昔の中国人や日本人のなかには、「コハク（つまり、電気）は、腐《くさ》った塵《ちり》は拾わず、磁石は曲がった釘《くぎ》を吸いよせない」などと言った人がいました。曲がった釘だって磁石に吸いつきますが、「塵《ちり》が湿っていると電気に吸いよせられにくくなる」のは事実です。腐った塵《ちり》は水分を含んでいるので重くなるから、吸いよせられにくくなるわけですね。

工作　そういえば、磁石で砂鉄《さてつ》集めをするときも、乾《かわ》いた砂でないとうまくいかないよ。砂が湿っていると、砂粒同士がくっつきあって離れないので、砂鉄だけを吸いよせることができなくなるからでしょ。

りか　私は、「電気と磁石の一番大きな違い」はさ、〈電気のプラスとマイナスは分けることができるけれど、磁石のN極とS極はいつも一緒で、分けることができない〉ということだと思うんだ。

えみ子　それって、どういうこと？

秀夫　磁石っていうのはさ、N極とS極を分けることができないんだよ。だから、たとえば「〈N極だけの磁石〉っていうのはない」っていうことだよ。

えみ子　そうなの？「S極だけの磁石」もないの？どうして？

りか　ほら、前にやったことあるでしょ。磁石を二つに切って、「N極だけの磁石」を作ろうとすると、N極の反対側にはS極ができてしまって、S極の反対側にはN極ができてしまうのよ。だから、片方の極だけの磁石っていうのはないわけよ。

工作　だけど、電気の場合は「〈プラス電気〉と〈マイナス電気〉を分けることができる」っていうわけか。

はかせ　そういうわけだね。「磁石と電気とは似ているけど違う」ということは確かです。だけど、確かに似ているところがある。そこで、昔から「電気と磁石との関係を見つけよう」と思って、いろいろと実験してみた科学者がいました。ファラデーも、「電気と磁石の関係」の研究に一生をかけて、大きな成果をあげたのです。

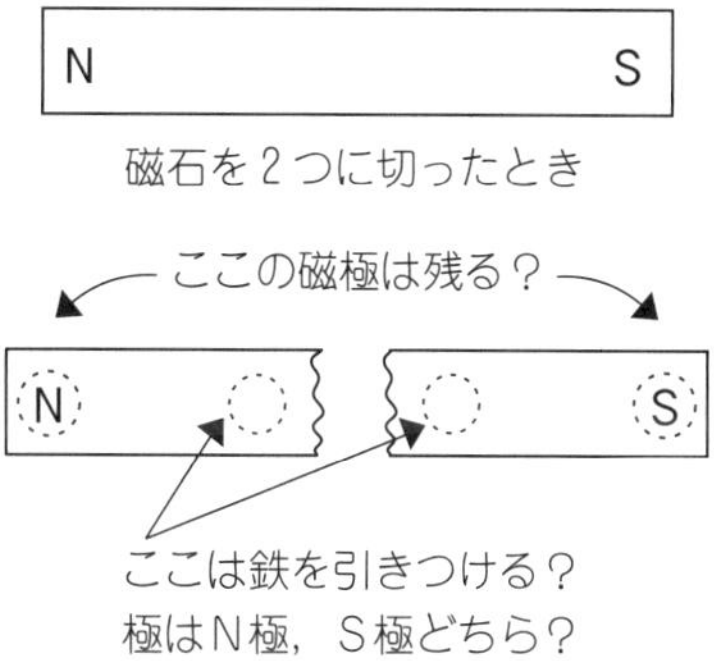
N
S
ここの磁極は残る？
N
S
ここは鉄を引きつける？
極はN極，S極どちら？
磁石を２つに切ったとき

●エールステッドの発見●

工作　〈電気と磁石の関係〉といえば、「電磁石」というのがあるでしょ。だから、この二つのものが密接な関係にあることは確かでしょ。

はかせ　そうです。じつは、電磁石というのは、もともと、エールステッド（一七七七～一八五一）というデンマークの科学者が「電気と磁石の関係」を示すことに成功したので発明できたのです。

りか　それまでは、電気と磁石とはまったく別々のと考えられていたんですか。

はかせ　だけど、「〈キリスト教の教会のテッペンにある十字架〉にカミナリが落ちると、鉄製の十字架が磁石になってしまう」ということが大昔から知られていました。

工作　そうか。その上、「カミナリは電気のしわざだ」っていうことがわかれば、「電気と磁石は関係があることは確かだ」っていうことになるわけですね。

秀夫　「カミナリは電気だ」っていうことを確かめたのは、アメリカのフランクリン（一七〇六～一七九〇）でしょ。

りか　それで、フランクリンはそのエール……何とかさんよりも前の人でしょ。

秀夫　フランクリンはフランス革命よりも前の人で、ファラデーなんかは後の人だから、フランクリンのほうが前の人だよ。
はかせ　よく知っているね。フランクリンはアメリカの独立の最大の功労者《こうろうしゃ》の一人で、フランス大革命前のフランスに援助《えんじょ》を頼みにいっているんです。だから、フランス革命《かくめい》以前の人ということになります。
りか　それで、そのエールステッドさんというのは、「カミナリが鉄を磁石にする」っていうことも知っていたんですか。
はかせ　そのことは有名な話だったから、知っていたことは確かでしょう。
りか　それなら、それが一つのヒントになって、電気と磁石の関係をさぐろうとしたんでしょ。
はかせ　おそらくそうだと思いますよ。
秀夫　だけど、どうして〈デンマークのエールステッド〉がそんな発見をしたのかなあ。デンマークって目立たない国でしょ。
工作　デンマークって、どこにあるの？
秀夫　ドイツの北、オランダの東北かな。
はかせ　そうそう。デンマークという国は小さくてあまり目立たない国だけど、昔はとても強かったことがあります。
えみ子　そういえば、デンマークって、童話作家のアンデルセン（一八〇五〜七五）の国でしょ。
はかせ　よく知ってるね。じつは、エールステッド（一七七七〜一八五一）とアンデルセンとは付き合いがあったのです。エールステッドは文学にも関心があって、アンデルセンよりも歳も年上ですが、若いアンデルセンの作家活動を応援していたそうですよ。エールステッドはとても空想的な科学者だったのです。それで、「この世のいろいろな力はみな関係しあっているに違いない」と考えていました。

そこで、ある日の大学での授業中のことですが……。
「もしかすると、この電線に電流を通すと、この〈磁石の針〉を吸いよせるかもしれません」

と言って、〈南北を指す磁石＝方位針《ほういしん》〉の近くに〈電流を流した電線〉を近づけてみました。するとどうでしょう。電線に電流を流すと、そのとたんに〈方位針〉の向きがビクッと動くではありませんか。予想が当たったのです。

ところが、何としたことでしょう。方位針の動きは、彼が〈この方向に動くかもしれない〉と予想していた方向とはまるで違っていました。それで面くらってしまったエールステッド先生は、自分の部屋でその実験を詳しくやり直してみました。その結果、方位針は、やはり彼の予想とはまるで違う動きをすることが確かめられました。

それまで知られている力は、「引力」か「反発力」のどっちかでした。ところが、「電流が方位針に及《およ》ぼす力」は、そのどちらでもないのです。「電線に電気を流すと、方位針はその電線に引っ張られるのでもなく、押しやられるのでもない」ので、エールステッドはわけがわからなくなりました。

そのご彼は、長い間かかってやっと「電流が方位針を動かす力の法則」を突き止めました。その力はなんと「電線のまわりに方位針を回転させる力」でした。そんな力はこれまでまったく知られていなかったので、彼が面くらったのも当然のことだったのです。

彼はそのことを突き止めるとすぐに、その結果を短い論文にまとめて、世界のおもだった学会と科学者たちのところに送り届けました。一八二〇年の7月のことです。

●アンペールの数学的な法則●

フランスの科学者たちは、エールステッドの論文を受け取ると、すぐにその実験を追試しました。

そして、電流を通した針金を磁石に近づけると、たしかに磁石が動くことを確認しました。「電気と磁石とは無関係ではない」ということが、世界の科学者たちの間で認められるようになったのです。それまでも、「電気学」とか「磁石学＝磁気学」というのはありました。しかし、磁気と電気の関係が明らかになったので、その後「電磁気学《でんじきがく》」という新しい科学分野が発展することになったのです。

その電磁気学は、最初から不思議なことだらけでした。フランスの科学者たちも、「磁石は、電流に引っ張られるというわけでもなく、電流から追いやられるというわけでもなく、不思議な方向に力を受ける」ということを確認しました。エールステッドの論文に書いてある通りでした。

もっとも、多くの科学者は、「本当に〈回転させる力〉を及ぼすものがあるのだろうか」

と思いました。「この力も見方を変えれば、やはり〈引力と反発力の仕業《しわざ》〉と見ることができるのではないか」というわけです。そこで、この「新しい種類の力」の謎《なぞ》を解《と》こうとしました。

しかし誰も、エールステッドの〈回転力〉を他の力で説明することはできません。「こういうときには、とりあえず、その「力の大きさの法則」を「数学的な法則」で表すのが一番だ」――アンペール（一七七五〜一八三六）は、そう考えました。そして間もなくその実験結果を数式に表すことに成功しました。そのころのフランスの科学者はみな数学が得意だったのです。

秀夫　アンペールって、前に出てきた「電流の単位のアンペア」の人ですか。

はかせ　そうそう、そのアンペールさんです。

●ウォラストン博士の予想●

今なら、その発見は電波にのってすぐに世界に知らされるところですが、その頃は飛行機も無線電信もありませんでした。そこで、一八二〇年の7月に送られたエールステッドの論文は、10月1日になってやっと、海の向こうのロンドンの王認学会《おうにんがっかい》に届きました。

どの国の科学者たちも「新発見」が大好きです。そこで、〈ロンドン王認学会の会長〉になっていた名誉《めいよ》教授のデーヴィ先生はすぐに研究所にやってきました。ファラデーと一緒にその実験をやってみようというのです。二人は、エールステッドの論文には書いてない実験もいろいろやってみました。

そのときデーヴィ先生の結論は、「エールステッドの発見は、〈針金に電気が流れるとその針金自身が磁石になる〉と考えれば、簡単に説明がつくのではないか」というもので、そして、ファラデーも「〈磁石同士の引力と反発力〉とで説明がつく」と思いました。しかしそれは、明らかに〈早とちり〉というものでした。二人はこのとき、エールステッドの発見の重要な意味に気づきそこなっていたのです。

ところが翌一八二一年の4月、有名なウォラストン博士（一七六六～一八二八）が、デーヴィ先生と一緒に研究所にやってきて、こう言いました。

「例のエールステッドの実験をもとにするとですな、〈針金に電気を通して、磁石に近づけると、磁石がその中心を軸として回転、つまり自転するのではないか〉と思いましてね」

というのです。

当時55歳のウォラストン博士は、デーヴィ先生より12歳も年上の医者でした。ところが、この人は医学以上に化学実験が好きで、白金《はっきん》＝プラチナの研究でとても有名でした。「白金」という金属が存在することは一七四八年以後知られていたのですが、硬くて使いものになりませんでした。ところがこの人は、「白金鉱には白金のほかにパラジウムとロジウムという二種類の金属が混じっている」ということを突き止め、純粋な白金を取り出すことに成功したのです。それまでの「不純物を含んでいた白金」は使いものにならなかったのですが、これで白金の実用化に道が開かれたのです。

白金という金属は、今も「もっとも化学変化を受けにくい貴金属《ききんぞく》」として、化学実験その他でとても大事なものとなっています。ウォラストン博士は、その研究で化学者として一躍《いちやく》有名になったばかりか、白金の製造で大儲《おおもう》けして、化学研究の費用をまかなうこともできていたのです。

それでは、ウォラストン博士の今度の予想は当たっていたでしょうか。残念ながら、その予想は当たりませんでした。電流を流した針金は、いくら回転しやすくしてやっても、まるで動かなかったのです。

●〈磁力線〉というもの●

ウォラストン博士とデーヴィ先生がその実験を研究所の実験室でやったとき、「ファラデーはその場にいなかった」ということです。そこで、後でその実験の話を聞いて、「しまった」と思ったに違いありません。

「ウォラストン博士の予想は当たらなかった」とは言っても、エールステッドの新発見に関するウォラストン博士の理解は、デーヴィ先生とファラデーよりも深く正しいことは明らかでした。

ファラデーは、エールステッドの論文をもう一度読み直し、電流を通じた針金のまわりの方位針の動きを調べてみました。そして、「方位針は針金の回りをぐるりと回るような力を受ける」ということを確認しました。そのとき、彼はおそらく「磁力線」のことを頭に描いていたのです。

りか　「磁力線」って、「鉄粉《てっぷん》を磁石の回りにまいたときにできる、あの鉄粉模様」のことですか?

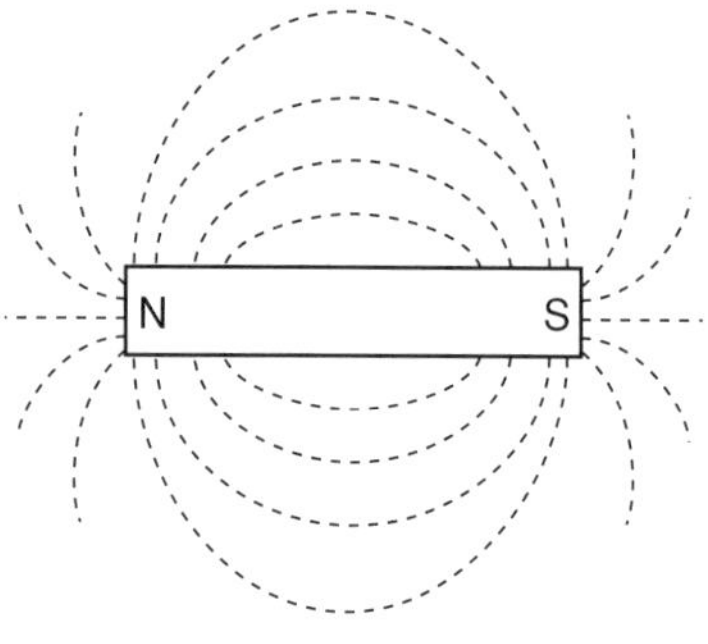

工作　ああ、それなら僕も知ってる。「磁石の上に紙をのせて、その上に砂鉄をまいてトントンとたたくと、こんな図形ができる」っていうのでしょ。

はかせ　そうです。

それでは、ここで問題を出しますよ。

さて、どうかな。

〔問題1〕

この鉄粉模様を作っている棒磁石のN極に近い点A〔下の図〕に小さな磁石のN極を置いたとします。すると、そのN極はどの方向に動くと思いますか。

予想

ア．N極はA点から磁力線に沿って動く。

イ．磁力線とは関係ない方向に動く。

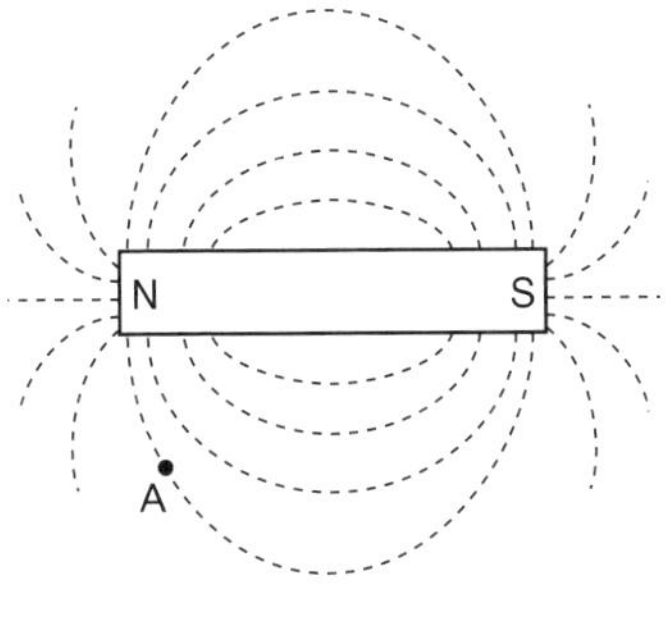

りか　それは、磁力線に沿って動くにきまっているんじゃないの？
秀夫　エッ、ちょっと待ってよ。そんなに簡単に言っていいのかなあ。A点というのは磁石のN極に近い点でしょ。その点に小さな磁石のN極を置いたら、反発するから、遠のくことは確かだけど……。
工作　鉄粉模様というのは、「そこに磁石を置いたとき、その磁石が動かされる方向を示している」と単純に考えてもいいんじゃないの？
えみ子　よくわからないけど、「磁石が磁力線に沿って動く」っていうほうがおもしろくない？　私もアにする。
秀夫　本当に、そんな簡単に考えていいのかなあ。みんながアなら、僕はイにする。
りか　あれっ、はかせ！　この問題、おかしくないですか。こんな実験、実際にはやれないでしょ。
えみ子　どういうこと？
りか　だって、磁石って、N極とS極とは切り離せないでしょ。だから、「磁力線模様の点AにN極を置いたら」って言ったって、そんなことできないんじゃないですか。
秀夫　そうか。それもそうだね。

工作　だけど、こうしたらどうかな。ながーい鉄線を磁石にして、そのN極をA点に置くんだよ。ながーい磁石なら、反対側の端にS極があっても、そのS極は実験にほとんど影響しないでしょ。

秀夫　エッー、そんなことできる？

りか　そうか、そうすれば実験できるのか。

はかせ　そう、そうですね。「N極だけ、S極だけの磁石」っていうのは、まだできていないわけですが、うんと長い磁石を作って、それで実験すれば、片方の磁極だけで実験したのと同じことになります。

工作　クーロンとかいう人は、「N極同士」や「N極とS極」との間の「磁極間の引力の大きさ」をはかって、その力の法則を発見しているでしょ。「その力の大きさは、距離の二乗に反比例する」とかさ。その実験をやったときも、ながーい磁石を使って実験したんでしょ。

はかせ　君はよく考えてるね。そういうわけですよ。それで、この問題も実験的に答えが出せることになったんだけど、その実験をするには、「実際にどういう実験装置を作ればいい」と思いますか。

工作　〈ながーい磁石〉を作るには、ゼムクリップを真っ直ぐに伸ばして、磁石でこすればいいでしょ。

秀夫　そんなんでいいの。

はかせ　それでいいでしょう。

工作　それで、そのS極側を手で持って……。

はかせ　手で持っていたんでは、N極の側だって自由に動けませんよ。じつは、私は「こんな実験をしたらどうか」って、考えたんだけど、どうかな。

10センチほどの針金を磁石でこすって細長い磁石にして、N極側だけが水面に飛び出るようにして水に浮かせるんです。

りか　どうやって、ですか。

工作　そうか。小さな発泡スチロールのかたまりに、その針金を刺して浮かべればいいんでしょ。

はかせ　そうそう。それで、水槽《すいそう》の真ん中辺に磁石を載せる台を置いて、その上に磁石を置いて、その近くに〈発泡《はっぽう》スチロールに刺した磁石の針〉をそっと、浮かせるんです。

工作　やっぱり博士だ、うまいこと考えましたね。

りか　工作君だって、すごいこと考えるじゃない。私、感心しちゃったもの。工作君はいつも何かを作ったり実験したりしているものね。
はかせ　そういう工作君にほめられて、嬉しいね。じつは、私は実験は苦手なんだ。おっくうでね。
えみ子　それじゃあ、実験してみましょうよ。
はかせ　工作君、この水槽の片側に台を作って、その上に載せる棒磁石が水面より少し上に飛び出すように……、実験装置を組み立ててくれないかね。
工作　ハイッ、……これで、いいでしょ。
〈発泡スチロール付きの針金磁石〉も、頭の辺だけがうまく水面に浮かぶように作っておきますよ。まず、この針金を磁石にこすりつけて、磁石にするよ。
えみ子　えっ、そんな簡単にこすっただけでいいの。
工作　これでいいんだよ。ほら、この針金のこの端を〈方位磁石〉のN極に近づけてみるよ。ほら、N極が逃げた。……ということは……。
りか　「針金磁石のこの端はN極になっている」ということだよね。
工作　それで、この針金磁石のN極側を上にして、発泡スチロールの塊《かたまり》に刺して、ちょうどその頭が水面に飛び出すようにするんだろ。
秀夫　ワッ、すごい。いっぺんでうまいこと浮いたじゃない。
りか　これで、実験装置ができたわけね。
秀夫　工作君って器用なんだ。
はかせ　では、実験してみましょうか。多くの人の予想のように、針金磁石のN極は本当に磁力線に沿って動いていくでしょうか。
りか　私、自信がなくなってきた。磁力線って曲がっているでしょ。針金磁石はそんな曲線に沿って動いていくかしら。
工作　それなら、2対2だね。じゃあ、僕がこの〈針金磁石〉を浮かせてみるよ。

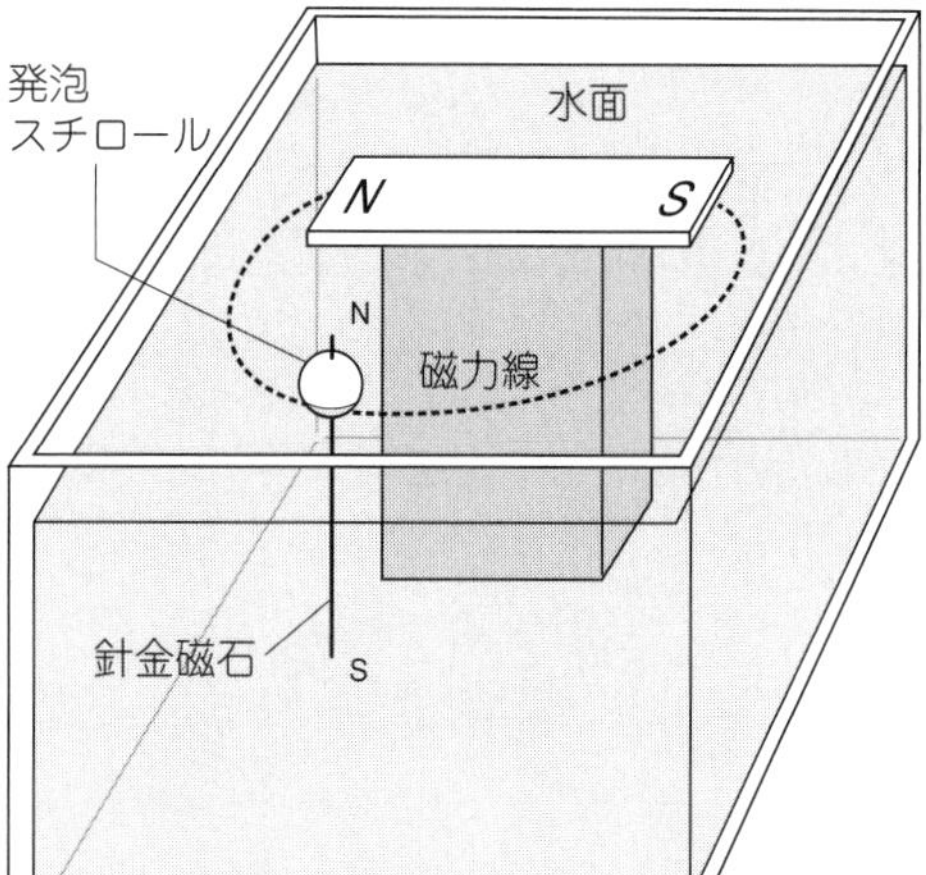

この辺でいいでしょ。
えみ子　あれっ、動かないわよ。
工作　少し待ってよ。……ほら、少しずつ動きはじめたよ。
りか　あっ、磁力線の方向に沿って動きはじめたみたい。あっ、うまく曲がって動いていく。棒磁石とほぼ垂直に動いているわ。
えみ子　ほんと、磁力線の形と同じよ。次は、棒磁石とほぼ平行に動いているわ。今度はS極のほうに動いていく番でしょ。磁力線はそういう形をしているもの。
秀夫　この針金磁石はN極だから、最後はS極に引っ張られて動くのは当たり前だよ。だけど、本当に磁力線に沿って動くんだね。これは驚いた。単純に考えればよかった。
りか　そうそう。
えみ子　自然って簡単なのよ。きっと。

●〈磁力線のなぞ解き〉の成果●

さて、ファラデーも同じようにして、磁力線のなぞ解きをしていったと思うのですが、そのなぞ解きの結果、新しい発明が生まれました。

「電流のまわりに磁石をぐるぐる回す装置」の発明です。

工作　「電流のまわりに磁石をぐるぐる回す装置」って、それって、モーターではないんですか。

はかせ　そうです。「世界最初のモーターを発明した」ということになります。どういう仕組みを作ったと思いますか。

りか　そうか。もうさっきの実験って、見方を変えると、「棒磁石のまわりに針金磁石を半回転させる実験」とも言えますね。

秀夫　そうそう。同じ装置を作れば、針金磁石をN極からS極まで、まるで回転させるようにして動かしているんだよね。だけど、S極のところまで行きつくと、それで運動が終わってしまう。

りか　そうだ、エールステッドさんの発見した「電流のまわりにできる磁力線」って、円形でなかった?

秀夫　そうだ、そうだよ。いいところに気がついたね。電線のまわりには、その針金を中心に

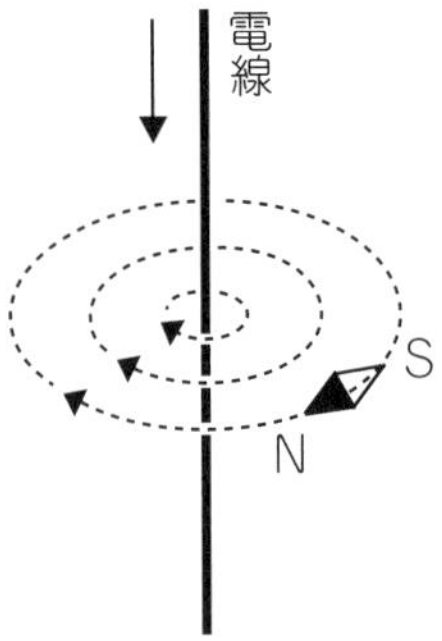

電流の回りにできる
磁力線

した円形の磁力線ができるんだ。だから、その磁力線に沿って磁石が動くようにすれば針金のまわりにいつまでも回転させることができるわけだよ。これは、いいぞ。
工作　ファラデーさんは、どんな実験装置を組み立てたんですか。
はかせ　ファラデーさんは見事な実験装置を組み立てています。102ページの図を見てください。これは、ファラデーさんが一八二一年の1月に発表した「電磁回転装置」の論文に出ているものをコピーしたものです。
まず、図の左側半分だけを見てください。
工作　コップのようなものに入っている棒のようなものは、磁石でしょ。
はかせ　そうです。それで、コップの中に入っているのは水ではなくて、水銀です。
工作　そうか、水銀かあ。それでわかったぞ。水銀なら〈重い液体の金属〉だから、電気を通すし、鉄の磁石も浮かせることができる。それでしかも、その中で磁石が動けるわけですね。うまいこと考えたな、ファラデーさんは。
秀夫　そうか。わかったぞ。電流は上から降りている針金を通って、その水銀に伝わって下から左横に出ていって電池につながっているんでしょ。それで、「磁石のN極はその電流のためにできる磁力線に沿って、ぐるぐると回転させられる」というわけですね。

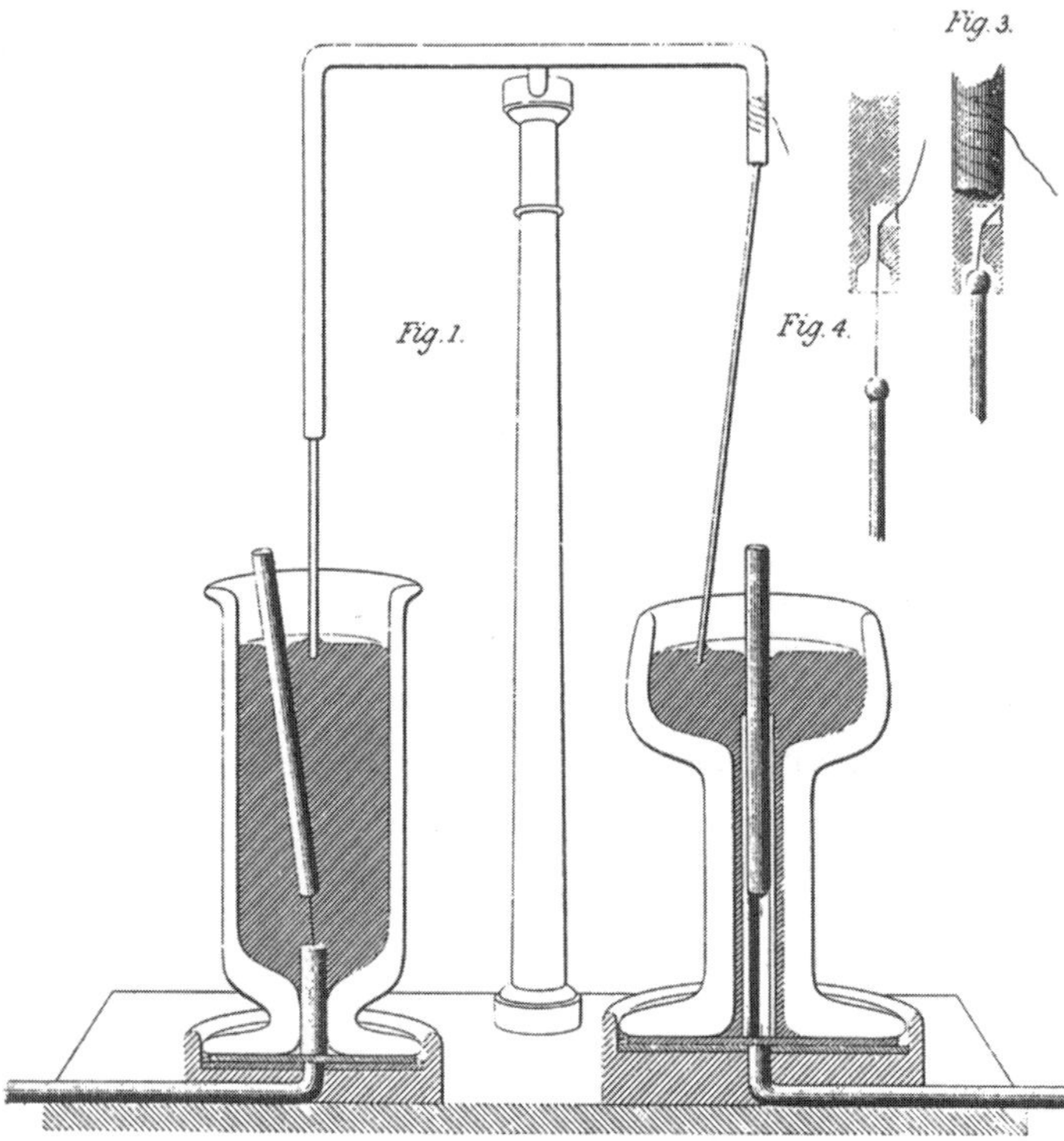

ファラデーの組み立てた電磁回転装置の図解
（ファラデーの「電磁回転装置の論文」1822，から）

りか　やっぱり、ファラデーさんって、頭いいんだ。

えみ子　だけど、この装置なら、私にもわかるわよ。数学なんかまったく使ってないんだもの。

はかせ　そうですね。ファラデーは大学どころか中学校も出ないで科学者になったんですから、数学を使わないで考えるのが得意だったんです。その代わり、「磁力線」のようなものを目に見えるようにイメージして考えを進めたのです。

えみ子　それで私にもわかるんだ。ファラデーさんに親しみを感じちゃうな。

はかせ　102ページの左側の図がわかれば、右側の図もなんとか理解できるかな。こっちの図では、磁石が真ん中に固定してあります。

りか　そうか、今度は〈電流の流れている針金〉のほうが〈固定してある磁石〉のまわりをぐるぐる回る装置ですね。

秀夫　磁石が〈電気の流れている針金〉のまわりをぐるぐる回るなら、その反対に、〈電気の流れている針金〉が磁石のまわりをぐるぐる回ってもいいわけですね。

工作　それって、「力と反力の原理」の応用でしょ。「電流が磁石に力を及ぼす」なら、「磁石も電流に反力を及ぼす」というわけですね。

えみ子　ふーん、そういうことになるのか。何か私にもわかる気がする。

●その後のファラデーの発見●

ファラデーのこの論文が発表されると、英国の科学者だけでなく、世界の科学者たちは、「ファラデーっていう男は、どうやって〈電磁回転の実験〉に成功したんだろう」と疑問に思うようになりました。多くの科学者たちは、どんな問題を考えるときにも、数学を頼りに考える習慣がついていました。そこで、ファラデーが数学も使わずに、〈磁力線〉だけを頼りに考えを進めたことなど、思いもよらなかったからです。

じつは、第3章で紹介した「塩素ガスの液化の成功」は、この「電磁回転の実験」が発表された翌年＝一八二三年に行われたことでした。そこで、ファラデーの名は、英国の科学者たちだけでなく世界の科学者にも知られるようになり、ファラデーも、〈一人前の科学者〉として認められるようになりました。一八二四年1月、彼は〈ロンドン王認学会《おうにんがっかい》〉の名誉ある会員に迎えいれられたのです。

今では日本にも、「日本物理学会」とか「日本科学史学会」など「学会」と名のつく会はたくさんあります。そういう学会は、何も発見していなくても、会費さえ払えば誰でも入会することができるのが普通です。しかし、〈ロンドン王認学会〉は、研究業績が認められてはじめて会員候補として推薦されて、全会員の秘密投票で過半数の賛成がなければ、「会員＝フェロー」として入会を認められませんでした。そこで、その会員になるのは大変で、それだけにとても名誉なことだったのです。

もっとも、貴族だけは研究業績がなくても入会を認められるという特権《とっけん》があり、この頃の王認学会は、すべて研究本位に運営されているとは言えませんでした。そこで、ファラデーはこの学会があまり好きになれませんでした。先に書いたように、彼はのちにこの学会の会長になるように推薦《すいせん》されたのに、断っています。

王認研究所の中のファラデーの実験室
（B.Jones『ファラデーの生涯と手紙』1870，より）

第5章

電磁気の感応現象の追求

電磁誘導現象の発見

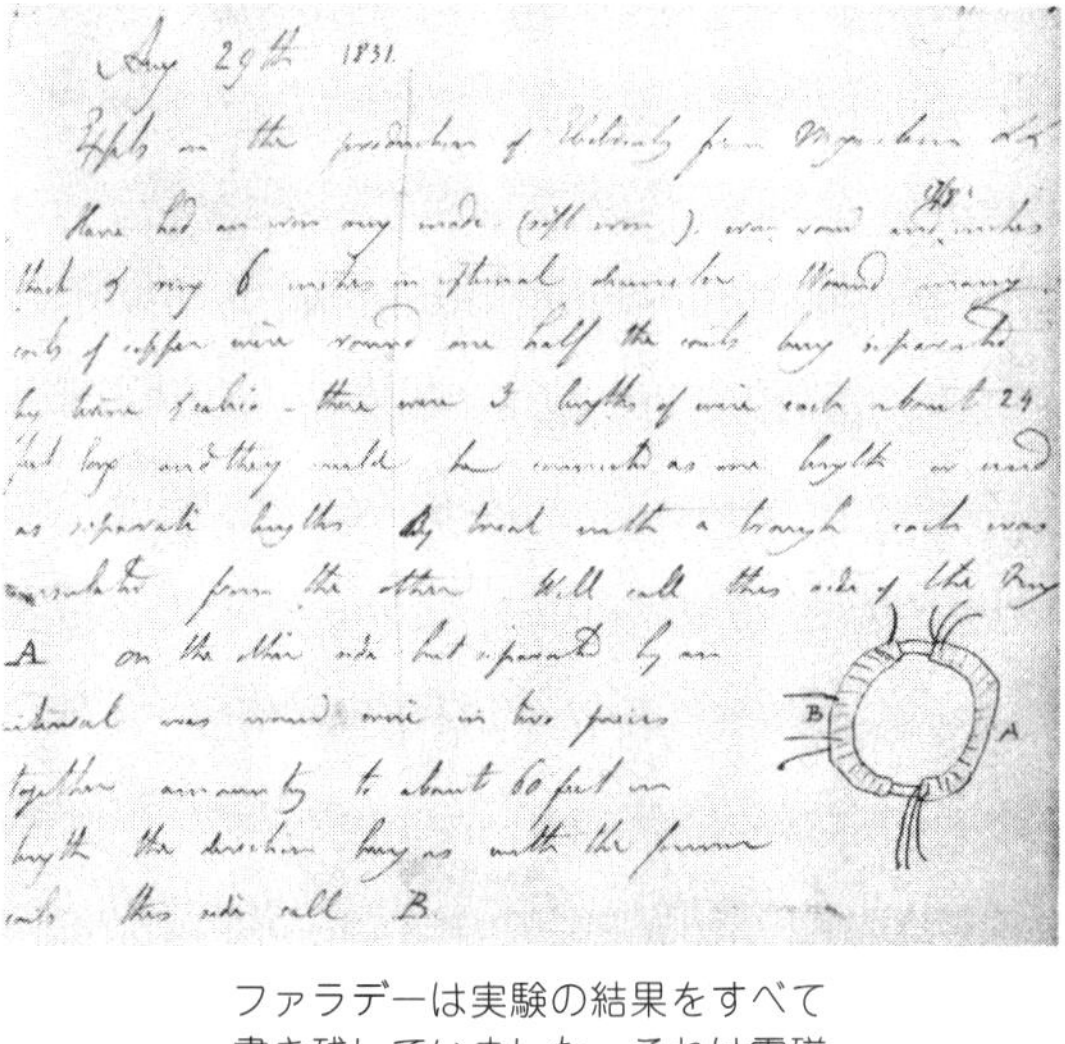
Aug 29th 1831.
Expts on the production of Electricity from Magnetism &c &c
Have had an iron ring made (soft iron), iron round and 7/8 inches
thick & ring 6 inches in external diameter. Wound many
coils of copper wire round one half the coils being separated
by twine & calico - there were 3 lengths of wire each about 24
feet long and they could be connected as one length or used
as separate lengths. By trial with a trough each was
insulated from the other. Will call this side of the ring
A on the other side but separated by an
interval was wound wire in two pieces
together amounting to about 60 feet in
length the direction being as with the former
coils this side call B.

ファラデーは実験の結果をすべて
書き残していました。これは電磁
誘導を発見した日に書いたもの。
（ファラデーの『実験日記』より）

第4章では、ファラデーが〈電磁気の力〉をうまく使って、磁石や電線をぐるぐる回転させる実験に成功した話をしました。その後かれは、「永久気体《えいきゅうきたい》と思われていた塩素ガス」を液化することに成功して、一人前の科学者と認められて、一八二四年1月にはロンドン王認学会《おうにんがっかい》の名誉《めいよ》ある会員になったのでした。そして、一八二五年2月には研究所の「実験室監督《じっけんしつかんとく》」という地位を与えられ、実験室に関するかぎりその権限《けんげん》が増えて、個人的な研究もやりやすくなりました。すると彼は、さらにすばらしい大発見をすることになりました。「電磁誘導現象《でんじゆうどうげんしょう》」という大発見をしたのです。

●〈誘導現象〉というもの●

えみ子　「電磁誘導現象《でんじゆうどうげんしょう》」って何ですか。漢字が6つもつながっていて、とっつきにくくていやだなあ。

はかせ　ごめんなさい。本当に難しそうな言葉ですね。だけど、事柄《ことがら》そのものは、もっと親しめることなんです。だから、何とか、もっと親しみのもてる名前を考えたいんですが、今のところかんべんしてください。

工作　「誘導《ゆうどう》」っていうのは、「誘導尋問《ゆうどうじんもん》」の誘導でしょ。

秀夫　いやな言葉をだすなあ。「火事や地震が起きたときなど、みんなを安全なところに誘導する」という例のほうがいいよ。

りか　だけど、そういう「誘導」はどちらも人間に関係している誘導でしょ。電磁気のような自然現象でも、「誘導」なんていうことが起きるんですか。

はかせ　じつは、昔は「誘導」と言わずに、「感応《かんのう》」と言っていたことがあります。「感応」というより「感化《かんか》」とか「誘発《ゆうはつ》」と言ったほうがいいかな。「いい友だちと付き合っていると、その人から自然に感化を受けて成長する」とか「悪い感化を受ける」なんていうことなら、自然現象っぽいでしょ。

工作　そういえば、「鉄を磁石でこすると、磁石になる」っていうのも、感化ということになるんですか。

はかせ　じつは、鉄は磁石でこすらなくても、一時的には磁石になるんです。

秀夫　そうそう。聞いたことがあります。「磁石を鉄に近づけると吸いよせられるのは、その鉄が一時的に磁石になるからだ」って。

えみ子　えっ、そんなことがあるんですか。

●〈磁気誘導現象〉の実験●

はかせ　それでは、磁気誘導の実験の問題を出しましょう。

〔問題1〕

ここに少し大きいフェライト磁石があります。この磁石を誰かさんに持ってもらって、その磁石の下からパチンコ玉を近づけます。磁石にはくっつけないようにして、1cmぐらい離しておきます。そうしたら、パチンコ玉は磁石になっているでしょうか。

パチンコ玉が「磁石になっているかどうか」は、「そのパチンコ玉の下に、もう1個のパチンコ玉を吊《つ》るすことができるかどうか」で決めることにしましょう。

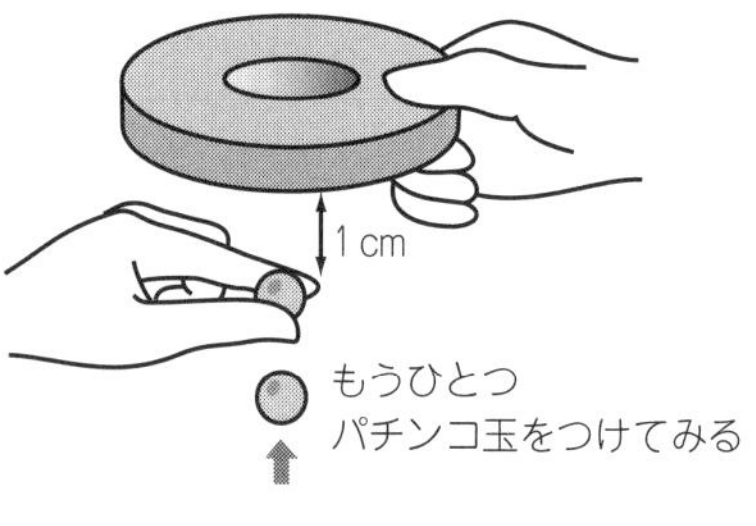

予想

ア．パチンコ玉は磁石になって、もう一個のパチンコ玉を吊《つ》り下げることができる。
イ．パチンコ玉は磁石になるが、その下にもう一個のパチンコ玉を吊《つ》るすのは無理。
ウ．パチンコ玉が上の磁石にくっついていなければ、磁石にならない。

　さて、どうでしょう。

秀夫　フェライト磁石って、スチール黒板なんかにとめる真っ黒な磁石でしょ。

はかせ　そうそう。今みんなの一番身近にある磁石なんで、その磁石を使おうというわけです。今ここにあるフェライト磁石は、大型の円形ドーナツ型で、外径7cm、厚さ1cm、というところかな。

　工作君、これを水平に少し高く、持っていてくれないかな。

りか　えっ、すぐにやってしまうんですか？　予想も立てずに。

はかせ　いや、すぐにはやりません。今は、実物を使って「実験のやり方」を説明しようというだけです。……それで、私が左手でこのパチンコ玉1個を持って、このドーナツ磁石の真ん中あたりに近づけます。ただし、磁石にはくっつけないようにします。

それから、もう一個のパチンコ玉を右手で持って、前のパチンコ玉の真下に持っていって、右手を離すわけです。ただし、これは今やりません。実験をやることになっちゃうからね。これで、実験のやり方がわかったら、予想を立ててもらいましょう。

りか　私はウです。パチンコ玉は磁石にくっつけないんだもの。

秀夫　ぼくはイだな。磁石はかなり離れた鉄でも引き寄せるだろ。それは、離れている鉄を磁化することができるからじゃないの。だとすると、パチンコ玉は離れていても、磁石になっていると思う。だけど、その下にもう1個のパチンコ玉を吊《つ》るせるほど、強い磁石にはならないと思う。

工作　うーん。それなら、僕は思いきってアにする。なんか、それと似た実験をやったことがあるような気がするもの。

えみ子　私には、いくら強いフェライト磁石でも、「離れているパチンコ玉を磁石にできる」とは思えない。

りか　だけど工作君、「これと似た実験をやったことがある」っていうけど、どんな実験をやったの。

工作　そのときはゼムクリップだったんだけど、はじめにゼムクリップを一個、磁石に吸いつけておくと、そのゼムクリップの下にほかのゼムクリップをいくつも吊り下げる実験をやったことがあるんだ。

りか　なんだ。一番はしのゼムクリップは、磁石にくっついているんでしょ。

工作　はじめはそうなんだけど、その一番はしのゼムクリップを指先につまんで磁石から離しても、ほかのゼムクリップが吊り下がったままだったような気がする。

りか　それは、そのゼムクリップが永久磁石になってしまったからじゃないの。

工作　そうかもしれない。自信がないけど、この問題では、アにかける。

りか　私は工作君の話をきいて、ウからアに予想を変えるわ。

はかせ　じゃあ、実験してみましょうか。工作君、さっきみたいに、このフェライト磁石を水平に手で持って！　そうそう、磁石の下の部分がみんなによく見えるようにしていてね。……さて、このパチンコ玉を左の指先に持って、磁石の下1cmあたりに持っていきます。それで、右の指先でもう1個のパチンコ玉をその下に接触させて……いいね、「下のパチンコ玉を持った手を離したら、パチンコ玉は落ちるか、落ちないか」だよ。

えみ子　あっ、落ちない。

工作　はかせ、何かインチキしているみたい。そのパチンコ玉をあらかじめ永久磁石にしておいたんじゃありませんか。

はかせ　なんだ、工作君って、自分の予想が当たったのに、インチキだなんて。それなら、工作君、君のもっている磁石を上に持ち上げてごらん。

りか　あっ、下のパチンコ玉が落っこった。

秀夫　パチンコ玉は永久磁石になっていないんだよ。パチンコ玉は磁石の近くにあるだけで、こんなに強い磁石になるんですね。

えみ子　でも、私には信用できないわ。私にもやらせて！

　あっ、やっぱり同じになる。

りか　私にもやらせて。

はかせ　読者のみなさんも信用できなかったら、自分でやってごらんなさい。自分の予想が当たっている人でも、一度やってみると、見事ですよ。ゼムクリップと違って、パチンコ玉はかなり重いのに、それを吊《つ》り下げているですから。

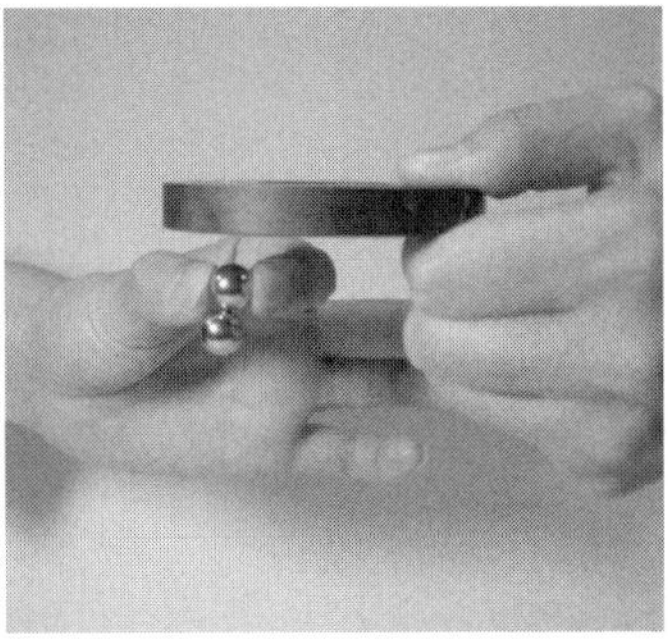

〔問題１〕の実験結果

下のパチンコ玉は落ちない！

それにしても、今の実験は一人ではやりにくいので、今度は一人でできる実験問題をやりましょう。

〔問題2〕

今度は、ドーナッツ型フェライト磁石を机の上に置いておきます。そして両手で1個ずつのパチンコ玉を持ってくっつけ、図のように下側のパチンコ玉を持った手を離します。すると、2つのパチンコ玉はくっつきあって、下のパチンコ玉は落ちないでしょう。そこで今度は、上のパチンコ玉を持った手を少しずつ持ち上げて、下のフェライト磁石との距離を大きくします。

そのようにして、どのくらい磁石から離したら、下側のパチンコ玉は落ちると思いますか。

予想

ア．1～3cmほど離れたら、落ちる。

イ．3～6cmほど離れて落ちる。

ウ．6cm以上離れても落ちない。

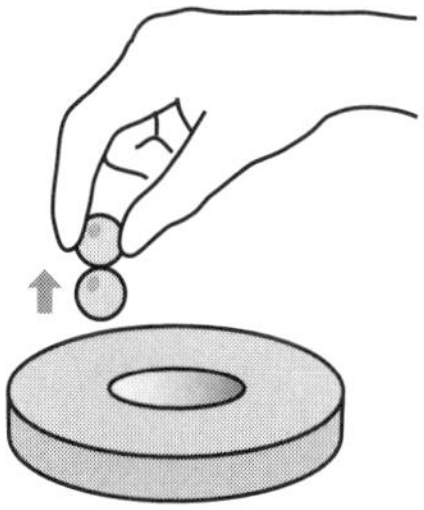

さて、どうでしょう。

この実験は「フェライト磁石の大きさの違いや、その磁力が弱まっているか、どうか」で結果が違うかもしれません。今ここにあるフェライト磁石は、かなり古くて磁力が衰《おとろ》えているようだけど、これで実験したら、どうでしょう。

秀夫　よくわからないから、イにしておく。

りか　私はアにする。

工作　ぼくは強気でウにする。

えみ子　私は工作君を信用してウにする。

はかせ　予想がそろったから、それじゃあ、えみ子さん、実験してください。

えみ子　それなら、やるわよ。

秀夫　あっ、３cmはクリアした。

工作　ほら、６cmもクリアだ。勝ったぞ。

りか　何cmぐらいまで、吊《つ》り下げていられるんだろ。

えみ子　もしかしたら、１mも落ちないでいるかしら。

工作　まさかぁ、磁力はそんな遠くまで達しないよ。
秀夫　だけど、パチンコ玉が永久磁石になっていれば、「いつまでもくっついたまま」ということもあるよ。
工作　あっ、落ちた。永久磁石になっていなかったんだ。
りか　このパチンコ玉は一時的に磁気《じき》誘導《ゆうどう》のために、磁石になっていたわけね。
えみ子　何cmぐらいで落ちた？
秀夫　「10cmくらい」というところかな。
りか　ずいぶん遠くまで離れても落ちないのね。すごい、すごい。

〔問題２〕の実験結果
下のパチンコ玉は
6 cm以上離れても落ちない。

●フェライト磁石の磁力と誘導磁気の磁力●

それでは、こんな実験をやったら、どうでしょう。

〔問題3〕

まず、机の上に置いてあるフェライト磁石の上にパチンコ玉を1個のせて置きます。そのパチンコ玉は磁石に強く引っ張られてくっついているでしょう。そこで、もう一個のパチンコ玉をそのパチンコ玉の上に乗せると、2つのパチンコ玉が引き合っているのを感ずることができます。

それなら、今度は図のように、フェライト磁石の上に、上下にくっついている2個のパチンコ玉の上側の玉を持って、少しずつ引っ張り離そうとしたら、下側のパチンコ玉はどちら側にくっつくことになるでしょうか。

予想

ア．下のフェライト磁石の上に残る。

イ．上のパチンコ玉にくっついていく。

ウ．どちらにもつかないで、離れる。

さあ、どうでしょう。

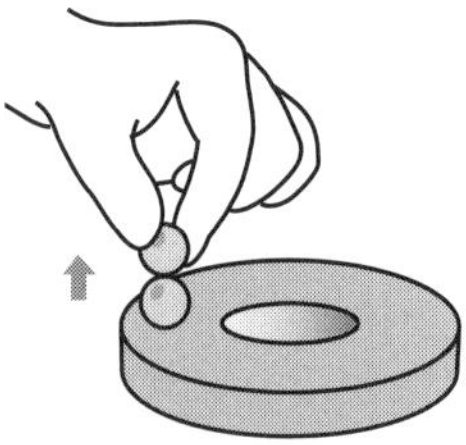

下側のパチンコ玉はどちら側につく？
上のパチンコ玉にくっつくか，
それとも下の磁石にくっついたままか。

りか　こんな問題、アに決まっているんじゃないの?

工作　そうだよねえ。パチンコ玉の磁力がいくら強いと言っても、下にフェライト磁石があるおかげで、一時的に磁石になっているだけなんだろ。だから、フェライト磁石の磁力にはかないっこないだろ。

秀夫　それなのにー、「こんな問題がある」っていうことは、もしかすると、イが正しいのかもしれないよ。

えみ子　いやねえ、秀夫君って、いつもそうやって問題の裏を考えて当てたりするんだから。……だけど、もしかすると、パチンコ玉同士の付き合いで、イが正しいということになるのかしら。

秀夫　「パチンコ玉同士の付き合い」なんてそんな人間的なことは自然界にはないだろ。やっぱりアしか考えられないよね。やっぱりアにする。

えみ子　それなら、私はウにしとく。「中間のパチンコ玉はどちらについていいいか」迷いに迷って……。

はかせ　それなら、実験してみましょう。まず秀夫君、やってみて。

秀夫　あれっ、下のパチンコ玉は上の玉についてくる。

りか　持ち上げ方が不自然なんじゃないの？　私にやらせてよ。……あれれ、下のパチンコ玉もついてきてしまう。

工作　今度はぼくだ。……やっぱり、下側のパチンコ玉が磁石の上に残るようにはできないね。

はかせ　いくらやっても、中間のパチンコ玉は上の玉についてきます。

秀夫　それなら、パチンコ玉を3個つなぎにしたらどうだろう。……あっ、下側の2個とも、一番上のパチンコ玉についてきてしまう。どうして、こんなになるのかなあ。

はかせ　不思議ですね。3つ続きのパチンコ玉を下のフェライト磁石の磁力圏《じりょくけん》の外に持っていってごらん。

えみ子　あっ、パチンコ玉はバラバラになって落ちた！　それなのに、その磁力圏の中で

〔問題3〕の実験結果

下のパチンコ玉は
上のパチンコ玉についてくる。

は、パチンコ玉の磁力のほうが強いのか。
りか　まるで「内弁慶《うちべんけい》の子ども」みたい。
秀夫　それって、どういうこと？
りか　「内弁慶《うちべんけい》の子」っていうのはさ、親のいるところでは親より強いけど、親のいないところでは、まるでだめでしょ。「それと同じだ」っていうことよ。
はかせ　それを言うなら、「素質《そしつ》のいい人は、いい先生の感化をうけて、先生以上のすぐれた才能を発揮《はっき》することがある」と言ったほうがいいかもしれませんね。……それはともかくだね、誘導現象《ゆうどうげんしょう》というのは、「誘導されるほうの物質の性質できまる」ということにもなるんだね。
　じつは、フェライト磁石っていうのは、その磁力はそれほど強くないんです。だけど、「磁力を永久磁石として保持《ほじ》する性質」が強いんです。だから、永久磁石の素材としてはとても優秀なんです。ところが、「その磁力の強さは、一時的に磁石になる鉄にも負けてしまう」というわけです。だから、フェライト磁石でなく「サマリウム・コバルト磁石」などという金属でできている磁石でやると、違った結果になります。今度は、さすがに親の金属磁石のほうが強くて、中間のパチンコ玉をその上に乗せたパチンコ玉に持っていかれることはありません。いつかやってみてください。

●磁気誘導現象と電気誘導現象●

はかせ　鉄やニッケルは磁石に引き寄せられるけれど、木やプラスチックは吸いつけられませんね。それは、木やプラスチックは、いくら磁石を近づけても、磁気誘導で磁石にならないからですが、物によっては、「磁気誘導を引き起こす元の磁石」よりも強い磁石になってしまうものもあるわけですね。

工作　それじゃあ、鉄の場合は、磁石のN極を近づけたら、近い部分がS極になって、反対側がN極になったりするんですか。

りか　そうよ、そうよ。磁石のN極とS極が向き合えば、引っ張りあうわけよね。

えみ子　そうか、磁石は鉄をまず〈感化〉して自分と同じ磁石にして、吸いつけちゃうのか。なにか「魔法式恋愛《まほうしきれんあい》」みたい。

はかせ　そう言えるかもしれないね。しかも、それは必ずしも魔法ではなくて、「恋愛の常道《じょうどう》」なのかもしれませんよ。恋愛だって、相手に気にいられるように仕向けるんだから。

えみ子　そうか。恋愛も同じなのか。いいこと教わっちゃった。

工作　それなら、電気も同じように、まず相手を感化して電気的な状態にして、それで引き寄せるわけですか。

りか　そういえば、そうよ。静電気は何だって、軽いものなら何だって引き寄せちゃうでしょ。それはさー、どんなものにも電気が含まれていて、ふだんは＋電気と－電気が中和しているから、電気的な振る舞いをしないわけでしょ。それに、たとえば＋電気を近づけると、近い部分に－電気が引き寄せられて、それで＋電気と－電気だから引っ張りあうというわけよ。

えみ子　それなら、電気はどうして軽いものしか引き寄せないの？

秀夫　軽いものでなくても、電気的には同じことが起きているんだろ、きっと。だけど、その電気力では、軽いものしか持ち上げられないだけなんだよ。

はかせ　そういうわけです。それで「磁石も電気も、ある物体にN極や＋極を近づけると、その物体の中のS極や－極を引っ張りだす」というわけですね。その〈相手の物質の中の磁気や電気を引き出す〉というのを、〈誘導《ゆうどう》する〉とか〈感応《かんのう》させる〉というんです。

秀夫　そういう現象を〈静電気誘導〉とか、〈磁気誘導現象〉というんでしょ。

えみ子　それなら、私にも少しはわかってきた。

●3種類の誘導現象●

はかせ　ここで、電気と磁気に関する誘導現象をまとめると、どういうことになるかな。

工作　まず、「磁石は近くにある鉄の中に磁気を誘導、誘発」します。

りか　「静電気も、近くにある物体の中に静電気を誘導し、誘発」します。

はかせ　もう一つあるんだが、どうかな。

秀夫　エールステッドの発見した「電流は、近くにある磁石に磁気作用を及ぼす」というのですか?

はかせ　そうそう。それも「誘導」という言葉を使って言い表すと、どうかな。

秀夫　そうか。「電流は、近くにある鉄の中に磁気を誘導して磁石にする」と言ってもいいんでしょ。電磁石というのは、そうやって作るんだから。

はかせ　これで3つです。それなら、このほかにも〈誘導〉現象というのがあるかな。

りか　そうか、ファラデーはさらに「電磁誘導」というのを発見したというわけですね。

はかせ　そうです。ファラデーは、「電気と磁気には〈誘導〉という現象が重要だ」と気がついたんだね。そこで「これまでに発見されていた3種類の誘導現象のほかにも、〈誘導現象〉があるのではないか」と考えて、研究をはじめたんです。

●〈電流〉は〈電流〉を誘導するか？●

りか　それなら、〈電磁誘導現象〉《でんじゆうどうげんしょう》っていうのは、相手の物体に「電磁気《でんじき》」を「呼び起こす、誘導する現象」っていうわけですか。

えみ子　それって、どういうこと？

はかせ　そう、言葉だけを詮索《せんさく》すると、イメージしにくいでしょ。じつは、ファラデーがその「電磁誘導」の現象を発見する前には、「電磁誘導現象」などという言葉はなかったわけですよ。それでは、「そういう現象をどうやって発見したか」ということですね……。

りか　予想を立てて、実験する！

工作　どういう予想を立てるのさ。

えみ子　こういうのはどう？　たとえばさ、「2本の電線を並べておいて、一方の電線にだけ電流を流したら、もう一方の電線にも電流が誘発、誘導されるか」って予想を立

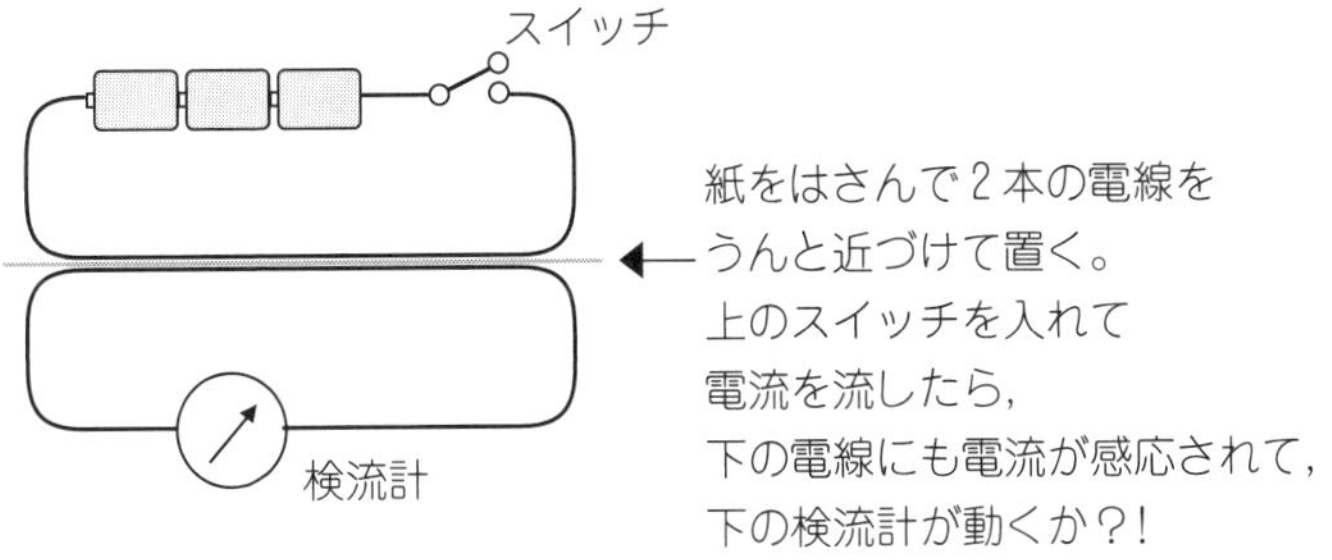
スイッチ
紙をはさんで2本の電線を
うんと近づけて置く。
上のスイッチを入れて
電流を流したら，
下の電線にも電流が感応されて，
下の検流計が動くか？！
検流計

てて実験をやってみたりするんでしょ。
はかせ　えみ子さん、今日もさえているね。じつは、ファラデーも同じように予想して、実験していています。彼はうまくいかなかった実験も含めて、自分のやった実験を全部、『実験ノート』に書き留《と》めておく習慣があったのですが、そのノートの1冊には、こう書いてあります。

〔電池を針金でつないで感応の実験〕
実験1．電池の両極を1.2mほどの針金で結び、この針金に平行に紙2枚ほどの間隔を置いてもう一本の針金を張って、それに検流計をつないで実験してみた。しかし、何のはたらきも現れなかった。

という調子です。
えみ子　なーんだ、うまくいかなかったのかあ。
工作　はじめから成功しないさ。うまくいかなくたっていいのさ。そういう予想と実験をどんどん積み重ねているうちに、予想が当たることがあって、新発見！ということになるんですよね、はかせ！

はかせ　そう、その通りです。

●電磁誘導現象の発見●

秀夫　それでは、成功した実験というのは、どういう実験だったんですか。

はかせ　ファラデーは、えみ子さんの考えたように、はじめは「電流で電流を誘導しよう」と思って、いろいろやってみたんですが、うまくいかなかったので、方針を少し変えたんです。そして、じかに電流と電流を関係させる代わりに、「電流と電流の間に磁石を置いたらどうか」って考えたんですよ。

りか　そうか。そうやって考えていくのか。私は考えつかなかったけど、少し勉強すれば私だって考えつくようになりそうだわ。

秀夫　そうだね。そうやって間接の影響を調べるのも一つの手だものね。

はかせ　それで、一八三一年の8月29日のこと、彼はこんな装置〔次ページ参照〕を組み立てました。

工作　そうか、鉄の回りに電線を巻き付けて電気を流せば、電磁石になりますものね。それで、「その電磁力でもう一方の電線に電流が発生するかどうか」ということを見ようと思ったわけですね。
えみ子　えっ、工作君って、図を見ただけで「どんな実験をするのか」までわかってしまうのね。すごい！
工作　ほめられて嬉しいけど、これは、今の変圧器《へんあつき》（トランス）と同じ構造なんだよ。
えみ子　それなら、ファラデーさんは、「変圧器」っていうのを発明しようと思って、そんな装置を組み立てたんですか。
はかせ　そうではありません。ファラデーの電磁誘導現象《でんじゆうどうげんしょう》の発見があって、はじめて「発電機」が作れるようになり、それで「電流を工業的に大量生産する」ということができるようになったんですからね。
工作　そうだ。交流電気でなければ変圧器にはなりませんね。一方の回路に直流の電気を流したって、何にも起こらないでしょ。

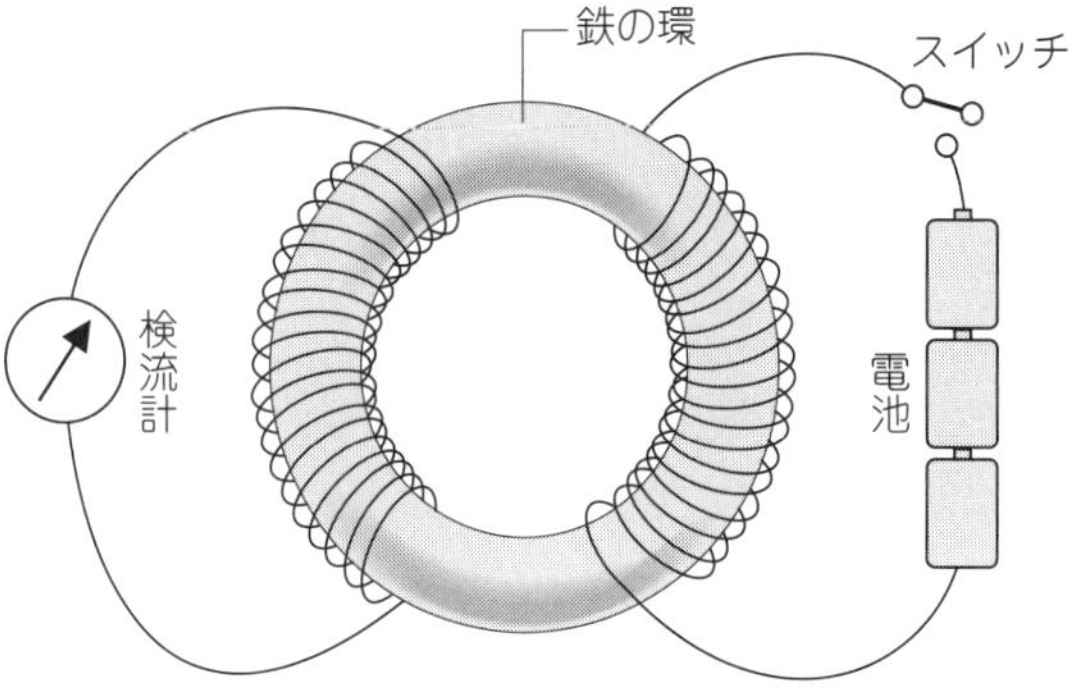

はかせ　ところがです。ファラデーはおかしなことに気付きました。「一方の回路の両端を電池につなげて、それで、もう一方の回路に何か変化が起きるか」と思って実験しても、何も起こらない。ところが、スイッチを入れたり切ったりした瞬間だけ検流計の針がブルッと振れるのに気づいたんです。

彼は、「一方の回路に電気を流しつづけたら、もう一方の回路にも電流が誘導されて、検流計が振れっぱなしになるかも知れない」と予想して実験したんですが、その予想ははずれて、スイッチを入れたり切ったりした瞬間だけ、相手の回路に電流が誘導されたのです。

りか　「一方の回路のスイッチを入れたり切ったりするときだけ、相手の回路に電流が流れる」ということは、つまり「(電磁石の)磁力が変化するときだけ相手の回路に電流が誘導される」ということですね。

はかせ　そうです。それがファラデーの発見した「電磁誘導現象《でんじゆうどうげんしょう》」のもっとも重要な事実です。その後かれは、「電線の近くで磁力を変えれば、電気力が誘導される」ということを確かめました。

そこで、この〈ファラデーの発見〉と、前に発見されていた〈エールステッドの発見〉を言い換えてみると、こうも言えます。

①電気が動くと、その近くにある鉄（磁性体）の中に磁気を誘導、誘発する。
②磁気力が変化すると、その近くにある金属の中に電気力を誘導、誘発する。

りか　あっ、うまく対応がつきましたね。

秀夫　前の「磁気誘導」と「静電気誘導」とを合わせると、「電磁気現象には4種類の誘導現象がある」ことになります。

りか　それ以外には、もうないんですか。

はかせ　基本的にはこの4つだけと言ってかまいません。それでファラデーは「電磁気学の生みの親」と呼ばれることがあるのです。

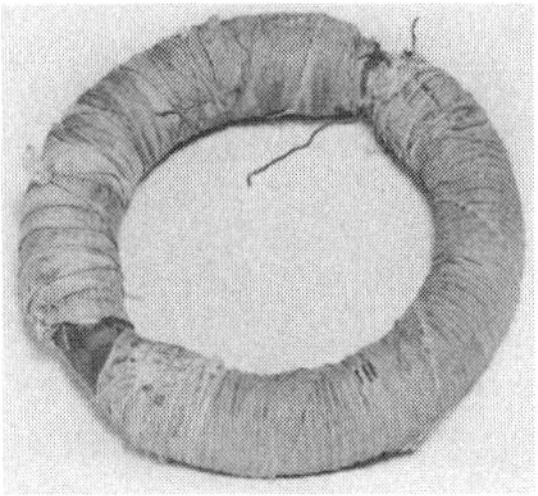

ファラデーが電磁誘導の発見をしたときに使ったコイル

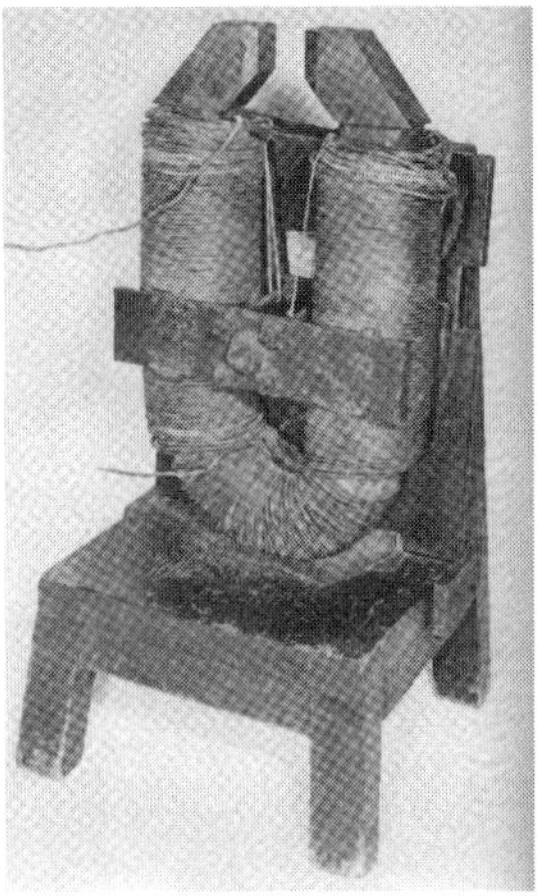

ファラデーの使った大電磁石

第６章

半導体物質の発見

白金の表面の不思議な現象のなぞ

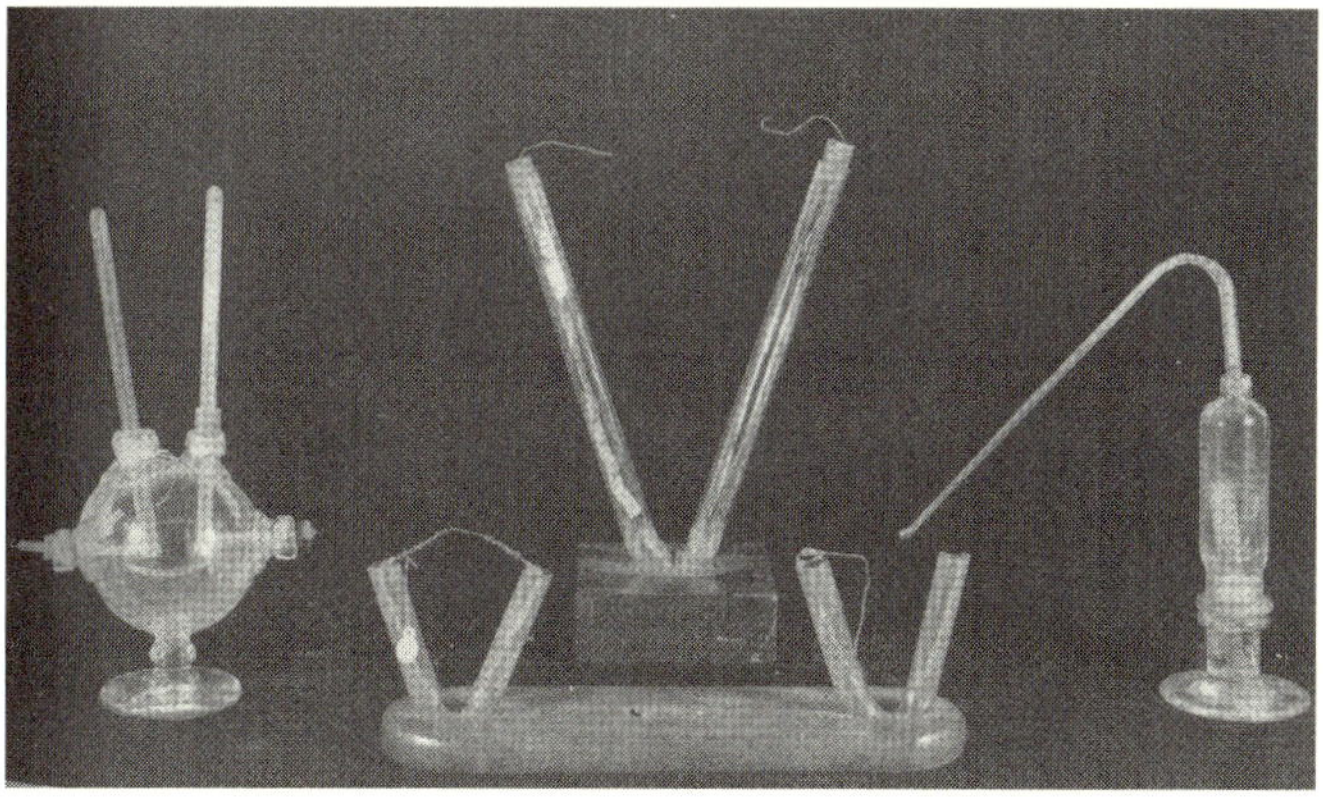

ファラデーの使っていた〈電気化学の実験装置〉
（L.P.Williams『マイケル・ファラデー』1964）

電磁誘導現象《でんじゆうどうげんしょう》を発見した翌一八三二年、ファラデーはロンドン王認学会《おうにんがっかい》の〈コプリー賞〉を贈られました。

この賞は「英国の一学会の出した賞だ」というので、「日本の〈学士院賞〉に相当《そうとう》する賞だ」と書いてある本があります。しかし、ノーベル賞だって、スウェーデンの学士院が選んでいるのです。当時のロンドン王認学会は、世界でもっとも権威《けんい》ある学会で、英国の科学者だけでなく、世界の科学者たちすべてを対象にしてその賞を贈っていました。だから、この賞は今のノーベル賞に相当する賞でした。

ファラデーがコプリー賞をもらうと、〈それまで彼の研究成果をあまり理解できなかった人びと〉も、ファラデーの仕事に注目するようになりました。そんなこともあってのことでしょう、彼がコプリー賞を受賞した翌年には、フラーという人が「ファラデーを教授に昇格《しょうかく》させることのできるように」と、資金を王認研究所に寄付してくれました。研究所の経済状態は相変わらず悪かったので、彼はまだ研究所の教授にもなっていなかったのです。この寄付のおかげでファラデーはやっと研究所の教授に昇任して、名実ともに「一人前の科学者」と認められるようになったのでした。

一八三三年、研究所の教授の地位につくと、ファラデーはさらに仕事がやりやすくなったということでしょう、いつもの年よりもさらに多くの研究成果を世に出しました。

その一つは、「出所の異《こと》なる電気の同一性」に関する研究成果です。

●「出所の異なる電気の同一性」の研究●

秀夫　「出所の異なる電気の同一性」って、どういうことですか？

りか　それって、もしかして、「〈まさつ電気〉と〈電池から取り出す電気〉は同じものかどうか」という研究ですか。

工作　そういえば、〈シビレエイがしびれさせるのも同じ電気の仕業《しわざ》か〉ということを確かめる研究もありますね。

はかせ　そうそう。いまではそういうものはみな、同じ「電気」という言葉で表されているから、みんな「同じものだ」と信じているけど、そのころはそのことにも怪《あや》しいところがあったのです。たとえば、〈まさつ電気＝静電気〉は〈エレクトリシティー〉と呼ばれていたけど、〈動電気〉は〈ガルヴァニズム〉と呼ばれていたりしていて、呼び名も違っていたんです。そこで、たとえば「カミナリの電気で電気分解ができるか」などというようなことを一つひとつ確かめる研究も大事だったんです。

えみ子　そうかあ。私も何となく「〈電灯《でんとう》をつける電気〉と、〈スカートがまつわりつく電気〉は本当に同じものなんだろうか」なんて考えたことがあったけど、ファラデーさんもそのことが気になっていたのね。

秀夫　そう言えば、〈ものを擦《こす》ったときに起きる電気、静電気〉と、〈電池からとる電流〉と〈電灯線からやってくる電流〉の3種類の電気は、同じ「電気」と呼ばれていても、ずいぶん違う性質があるものね。摩擦《まさつ》して起こした電気では豆電球をつけることもできそうにないけど、反対に電池の電気では、ビリビリ感電することはないみたいだものね。

工作　その違いって、〈電圧の大きさ〉がうんと違ったりするから、起きるんでしょ。電池の電圧は1.5ボルトぐらいだけど、静電気の電圧はすぐに何万ボルトにもなる。その代わり、電気の量そのものは少なかったりするわけですものね。

はかせ　そういうわけです。ファラデーはもともと数学ができなかったのですが、そういう量的な違いの問題を一つひとつ解明して、どの電気も根本的には違わないことを確かめていったわけです。

りか　そうか。今みんなが「電気」と同じ言葉で呼んでいるものの中にも、少しでも違うところがあることがわかったら、それも大発見ということになるんですものね。ファラデーさんって、すごいわね。

工作　「電気」と呼ばれているものの中にも2種類、3種類のものがあったとすると、ファラデーの大発見がもう一つふえていたことになるわけですね。

●「半導体」の発見●

はかせ　一八三三年、ファラデーが研究所の教授の地位についた年の発見の一つに、「半《はん》導体《どうたい》」の発見があります。

秀夫　〈半導体〉って、いま流行《はや》りのエレクトロニクスで話題のやつですか。

りか　半導体工業って、いま産業界で最先端《さいせんたん》の技術になっているんでしょ。

工作　トランジスターとかIC《アイシー》というのは、半導体でできているんですよね。

えみ子　あのう、半導体って何ですか。それが何で重要なんですか。

工作　パソコンとか、インターネットとかという最新の技術はみんな半導体技術があってできたんだよ。携帯《けいたい》電話とかも、トランジスターとかIC《アイシー》が使ってあるんだけど、そういうものもみな半導体《はんどうたい》でできているんだよ。

はかせ　そうです。「〈エレクトロニクス＝電子技術〉にはかならず半導体部品が使われている」と言っていいでしょうね。

りか　だけど、ファラデーって、エレクトロニクスが始まるよりもずっと大昔の科学者でしょ。そんな人がどうして〈半導体〉の話に出てくるんですか。

はかせ　そう思うでしょ。ところが、そのファラデーが半導体を発見していたんで、今日のエレクトロニクス技術が誕生しえたんです。しかし、これまでの「ファラデーの伝記」や「発明発見物語」には、「半導体を発見したのはファラデーだった」と書いてあるものはまずないようです。

りか　どうしてですか。花形産業の基礎をになっている物質を発見したというのに。

はかせ　発見が早すぎたんでしょうね。ファラデーの時代には、誰も「〈半導体〉がいまのように重要な産業の基礎になる」とは思っていなかったんです。だから、彼がはじめて〈半導体〉の存在を発見しても、その重要性が気づかれなかったんだと思います。その代わり、これまでは、同じ年の彼の発見のうち「電気分解の法則」の発見のほうばかりが重要視されてきたんです。

●半導体って何か●

えみ子　半導体《はんどうたい》って、「電気を半分だけ通す物質」と言っていいんですか。

工作　うーん、そう言っちゃいけないんじゃないかな。

えみ子　それなら、何で〈半導体〉って言うのさ。

秀夫　物質の中には、電気の〈良導体《りょうどうたい》〉と〈絶縁体《ぜつえんたい》〉と〈半導体《はんどうたい》〉とがあるんだよ。

えみ子　それって、〈金持ち〉と〈貧乏人〉のほかに、その中間に〈半金持ち〉がいるっていうのと同じことでしょ。そんなの当たり前じゃないの。何だって、中間があるでしょ。

りか　そういえばそうね。数量的なものに中間があるのは当たり前だものね。

工作　だけど、半導体っていうのは、ふつうは全くといっていいほど電気を通さないんだよ。金属はとてもよく電気を通すけれど、「半導体はその半分ほど電気を通す」なんて言えないんだよ。

はかせ　そうそう、半導体の「半」というのは「半分の半」とは言えません。じつは、「数量的なものはみな、程度の問題だ」とも言えそうだけど、〈金属〉と〈ガラスやプラスチックのような絶縁体《ぜつえんたい》〉とでは、電気の伝わり方がまるで違うのです。金属はみな電気をよく伝えて、中でも一番よく電気を伝えるのは銀なのですが、太さと長さが同じ鉄線と比べると、ほぼ5倍もよく電気を伝えます。それなら、ガラスの場合と比べたら、銀はどのくらいよく電気を伝えると思いますか。

えみ子　一万倍くらいですか。

工作　そんなことないよ。もっとずっと違うよ。

えみ子　それなら一億倍ぐらい？

秀夫　もっとずっと違うんじゃないかな。

えみ子　それなら一兆倍ぐらい？

はかせ　それよりもずっとです。いま『理科年表』で数値を調べてみますね。えーと、銀の体積抵抗率は1.6×10^{-8}で、ふつうのガラスは10^{9}〜10^{12}ぐらいだというから、10^{17}〜10^{20}倍、つまり、つまり少なくとも1の後に0が17個も並ぶ数＝10,0000,0000,0000,0000倍＝十京倍ほども違うことになります。絶縁体《ぜつえんたい》というのは金属と比べると、文字通り「くらべものにならない」くらい電気を通さないのです。

りか　そうなんだ。金属とガラス、良導体《りょうどうたい》と絶縁体とはまるで違うわけですね。

えみ子　それなら、半導体《はんどうたい》というのは、「良導体と絶縁体の中間ぐらい電気を伝える」と考えればいいんですか。

はかせ　じつは、〈良導体《りょうどうたい》＝金属〉と〈半導体《はんどうたい》〉の違いは、〈電気の伝え易《やす》さの程度の問題だけ〉とは言えないんです。

●高温での金属の電気抵抗の問題●

はかせ　それでは、ここで問題を一つ考えてもらいましょう。

〔問題1〕
金属（＝良導体）の電気抵抗は、温度が高くなると、どのように変化すると思いますか。

予想
ア．電気抵抗は大きくなる（電気を伝えにくくなる）。
イ．電気抵抗は小さくなる（電気を伝えやすくなる）。
ウ．金属によって違う。

はかせ　さて、どうかな。

えみ子　こんな問題、予想もつかないわ。
りか　だけどさ。こう考えたらどう。わたし、「超伝導《ちょうでんどう》」という話を聞いたことがあるんだけど、「ヘリウムとかいう物質は、すごい低温では電気抵抗がうんと減って、一度走り出した電子はいつまでたっても運動しつづける」って話を聞いたことがあるんだけど、それを元に考えると「逆に温度を上げていくと、電気抵抗は大きくなる」ということじゃない？
工作　そうか、そう考えてもいいんだね。
秀夫　ぼくは、「金属原子は熱せられると、はげしく振動するようになる。そこで、電子の運動を大きくじゃまするから、電気抵抗が大きくなる」って、何かの本で読んだことがあるような気がする。だから、アにする。
えみ子　あら、みんなの予想はアなの？　それなら、私はイにする。それで、はかせ！正答はどっちなんですか。
はかせ　この場合は、多数派の勝ちですね。ここで話をファラデーに戻すと、彼の時代まで、大部分の科学者は、〈金属〉と〈絶縁体《ぜつえんたい》〉にしか興味がなかったんです。ところが、ファラデーは、「水は金属ほどではないけれど電気を通す。しかし、氷はほとんど電気を通さない」ということに気がついて、そのことを詳しく調べてみることにしたんです。

りか　そうか、すぐれた科学者って、そうやって新しい実験テーマを見つけるのか。

はかせ　そうですね。それで、ファラデーは、〈銀と硫黄《いおう》の化合物＝硫化銀《りゅうかぎん》〉の電気的な性質を研究しているうちに、不思議なことに気づいたんです。

はじめ彼は、厚さ1.3cmほどの硫化銀《りゅうかぎん》の塊《かたまり》を2枚の白金板の間にはさんで、20個の電池につなぎました。そのとき、電気はほとんど流れませんでした。それは、白金板と硫化銀との間の接触《せっしょく》が悪いせいでもありました。そこで彼は、指先で白金板と硫化銀を押しつけました。すると、電気が流れるようになったのですが、その電流の発熱作用のために硫化銀が温かくなってくると、その電流はさらに強くなるようでした。

そこで彼は、その硫化銀の下にランプをもってきて、少し熱してみました。すると、その硫化銀が温かくなるにつれて、電流が大きくなることが確かめられたのです。

金属の場合は、どんな金属でも、温度があがるにつれて電気抵抗が大きくなって、電流が減るというのに、硫化銀はそれとは反対の性質を示したのです。

●〈半導体〉は〈反導体〉●

りか　その反対に温度を下げたら、電流は減ったんですか。

はかせ　もちろん、ファラデーはそのことも確かめています。高温のときは金属と同じくらいよく電気を通したのに、温度が下がるとほとんど電気を通さなくなりました。そこで彼は、金属とは反対に「温度が上がると電気抵抗が減る物質もある」ということを発見したというわけです。

りか　それが〈半導体《はんどうたい》の発見〉というわけですね。

はかせ　そうです。半導体というのは、「高温のときには金属並《なみ》に電気を通すけれども、低温では電気をほとんど通さない」というのですから、〈金属＝良導体《りょうどうたい》〉と〈半導体〉とは電気伝導度が「量的に違う」というだけでなくて、「質的に反対の性質がある」ということがわかったんです。それで、その後ずっとあとになって、さまざまな利用法が開発されるようになったのです。

工作　ファラデーは、硫化銀《りゅうかぎん》のほかの物質でも実験したんでしょ。

はかせ　彼は一八三三年の段階では、「硫化銀ほど見事に温度の影響をうける物質を見つけられなかった」と言っています。しかし、その後も追求を続けたのでしょう。一八三八年になって、「その後、硫化銀と同じくらい、熱の影響を受ける物質を発見した」と発表しています。〈フッ化鉛《なまり》〉と〈ヨウ化第二水銀〉と〈塩化第二水銀〉です。硫化銀の場合はとくに温度の影響が著《いちじる》しいので、彼は「それと同じくらい温度の影響を大きく受ける物質」を探したのですが、あまりなかったわけです。けれども、それほど大きな影響を受けないものならいくらもあります。

じつは、金属の酸化物《さんかぶつ》や硫化物《りゅうかぶつ》などはみな、金属とは反対に温度が高いときほど電気抵抗が減ることがわかっています。そういう物質では、〈原子に束縛《そくばく》されていた電子〉が熱や光のエネルギーを受け取って自由に動ける電子になるために、そういう性質を示すようになるのです。

工作　サーミスタという電気部品は、その性質を利用しているんですね。

はかせ　そうそう。サーミスタというのは、「温度による電気抵抗の変化が大きい物質に2本の脚《あし》をつけただけの電気部品」ですから、とても安く売っています。

りか　「温度が上がると電気抵抗が小さくなって、電気が流れやすくなる」っていうと、〈温度センサー〉などに使えますね。

秀夫　そうか、火事かなんかで温度が上がったらブザーがなる装置も作れるし、エアコンなどで温度調整ができるわけですね。

サーミスタ
（実物大）

●白金＝プラチナの実用化●

秀夫　ファラデーは、研究所の教授になった年に、ほかにどんな発見をしたんですか。

はかせ　もう一つ、忘れられそうになっている大発見があります。「白金《はっきん》の不思議な触媒《しょくばい》作用《さよう》の発見」です。

りか　白金っていうと、たしか「ウォラストンが実用化するのに成功した」ということでしたね。

はか　よく覚えていたね。ウォラストンという人は医者でしたが、白金の実用化に成功して財産を作り、その資金を自分の科学研究につぎ込んでいた人です。「ファラデーが〈電流の磁気作用を利用して磁石を回転させる実験〉に成功したのは、そのウォラストンのアイデアからヒントを得たものだった」ということも、前にお話ししましたね。

えみ子　白金ってプラチナのことでしょ。プラチナって装身具に役立つほかに、何かに役立つんですか。

りか　化学実験に役立つんじゃないの。

秀夫　白金っていうのは、金以上に化学変化を受けにくい物質だろ。化学実験をするときには、使っている道具が、研究対象としている物質と化学変化したら困るじゃない。だから白金《はっきん》を使ったんでしょ。

りか　そうだね。化学者はいつもガラス器具を使って実験するけど、それもガラスが化学変化を受けにくいからなのよね。

はかせ　そうです。白金の実用化が実現すると化学者はいっせいにルツボや電極に白金を使うようになりました。新しい化学実験では、何が出てくるかわかりません。電気分解でナトリウムのようにとても激しい化学作用をする物質が出てきたとき、電極がその物質と化学変化を起こしたりしたら困りますものね。そこで、化学者はとくに白金製の電極やルツボを使うようになったのです。そこで、白金の不思議な性質がいろいろわかるようにもなったのです。

●白金の不思議なはたらき●

はかせ　それならファラデーは、白金についてどんな発見をしたのでしょうか。

じつは、白金の不思議な性質を最初に発見したのは、ファラデーではありません。彼の先生のデーヴィです。デーヴィは一八一五年にファラデーを助手にして、鉱山での爆発事故を防ぐために〈安全灯《あんぜんとう》〉を発明する研究をしました。そこで彼は、気体の燃焼について詳しく研究したのです。それに彼はウォラストン博士と親しい付き合いをしていました。そこで、白金《はっきん》をもっとも早く電極やルツボに利用した化学者でした。そして彼は、「白金とパラジウムには、メタンガスなどの気体を酸素と結びつける働きがある」ということも発見していました。一八一七年のことです。

工作　そうか。科学の研究は、そうやってみんな結びついているのか。

秀夫　ファラデーさんも、先生のデーヴィの研究の伝統を受け継いでいたし、電気の研究が得意分野になっていたんだね。そこで、デーヴィ先生の得意な〈電気分解の法則〉を明らかにする実験も本格的にはじめたんでしょ。それなら、ファラデーさんも当然、白金の電極を使ってその研究を進めたんでしょ。だから彼が「白金の不思議な性質に気がつきやすかった」というわけですね。

はかせ　そういうことですね。彼は〈電気分解の法則〉を発見するために、「水を電気分解して水素ガスと酸素ガスをガラス管にためる」という操作《そうさ》を何回も繰り返していたようです。みなさんも、学校の理科の授業で同じような操作を見たことがあるでしょう。その場合、電極の＋極には酸素ガスが発生し、－極には水素ガスが発生します。そして、その体積の割合が1対2になっていることを確かめて、「水の分子は酸素原子1個と水素原子2個が結びついている」ということを確認するわけです。

ファラデーは、「物質が電気分解するとき発生する物質の量は、流した電気の量に比例する」という〈電気分解の法則〉を発見したわけです。そこで、ふつうは＋極と－極とから発生する気体を別々に集めて実験するわけですが、あるときから〈＋極に発生する酸素ガスと－極に発生する水素ガス〉を一つのガラス管の中にためてしまうことにしました。2種類の気体をまぜて、その気体の体積を測ったほうが電気の量を測定する上で誤差《ごさ》が少なくなって便利だったからですね。

彼の論文によると、下図のように細長いガラス管に希硫酸《きりゅうさん》を入れて、その中に白金《はっきん》の2つの電極を入れて、電池につないで電気分解したわけです。

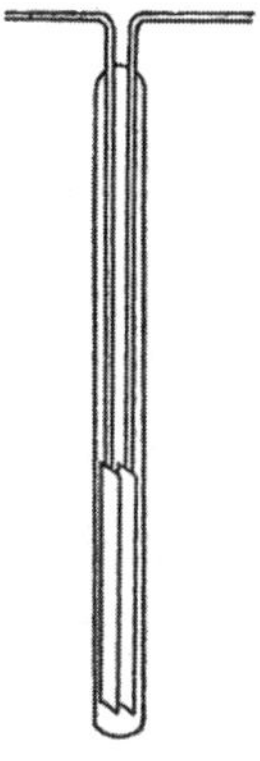

すると、そのガラス管の希硫酸の液の上に水素ガスと酸素ガスが溜《た》まりました。そこでその気体の量を見て、「その電気分解に使った電気量を測定する」という実験をしたわけです。
ところがです。気体がガラス管の5分の4ほど溜《た》まったとき、電極から電池をはずした

んですが、その混合気体の体積がだんだん減っていくではありませんか。5時間後には、なんと気体がほとんど無くなっていたんです。

えみ子　気体が液体に溶けてしまったんですか。

はかせ　もちろん、彼もそういうことを疑いました。そこでまず「気体はどこにも漏《も》れ出していないし、液体の中に溶けてしまったわけでもない」ことを確かめました。そして、「ガラス管の中の水素ガスと酸素ガスは化合《かごう》して水になってしまったのだ」ということを突き止めることになったんです。

●〈爆鳴気〉が爆発せずに化合した●

工作　エーッ、水素ガスと酸素ガスなら、〈爆鳴気《ばくめいき》〉と同じでしょ。危険なことがなかったのかなあ。

えみ子　〈バクメイキ〉って何のこと。

工作　〈水素ガスと酸素ガスを2対1の比で混ぜたもの〉を〈爆鳴気《ばくめいき》〉っていうんだよ。「酸素と水素がその割合で混じっているものに火をつけると大きな音を出して爆発する」というんで、有名なんだよ。

りか　そうそう。〈爆鳴気《ばくめいき》〉の実験なら私も見たことがあるわ。大きな音を出して爆発するので、こわかった。

秀夫　その爆鳴気が、火もつけないのに、静かに化合《かごう》しあって水になってしまったんですね。白金《はっきん》はその化合を促進《そくしん》していたというわけですか。白金は触媒《しょくばい》の役割を果していたわけですね。

えみ子　何さ、その〈ショクバイ〉って。

りか　「ある物質が化学反応を起こすとき、自分自身はその化学変化によって変化はしないけど、その反応を効果的に推進《すいしん》する物質」のことを「触媒《しょくばい》」っていうのよ。

はかせ　じつは、ファラデーがその実験をしたころは、他の化学者たちも白金の不思議な性質の実験を進めていました。白金が実用化されたばかりだったので、たくさんの化学者が一斉《いっせい》にその性質を明らかにする実験に取り組みだしたというわけです。

フランスの化学者のテナールは、一八一八年に「アンモニアガスは、赤熱《せきねつ》した陶磁器《とうじき》の筒に通しても普通はほとんど分解しないのに、その筒に鉄や白金が含まれていれば、分解する」ということを発見していました。また、ドイツのデーベライナーは一八二三年に、「〈水素と空気の混合気体〉は、白金《はっきん》があると、室温以下でも化合する」ということを発見して、「白金《はっきん》を触媒《しょくばい》とした自動点火器」を発明するのに成功していました。だから、この種のことはデーヴィやファラデーだけが発見したわけではありません。

●表面の原子の重要な役割●

りか　それなら、ファラデーさんが発見したもっとも大きな成果は何だったんですか。

はかせ　ファラデーは、「そこに白金があっても、その白金の表面がきれいになっていなければ、反応を促進《そくしん》することはない」ということを突き止めることに成功したんです。

じつは、私たちも最近、この実験をやってみたんですが、この実験は白金の表面をとてもきれいにしておかないとうまくいかないんです。白金の表面を硫酸《りゅうさん》で洗ったり、強く熱してやって、きれいにするのですが、それもいい加減にやると、実験がうまくいかないんです。ファラデーは実験操作がとてもうまかったんで、そのデリケートな条件を突き止めることができたんです。彼は一八三三年に提出した論文の中で、「〈白金の表面が完全に清潔であれば、いつも効果的である〉と期待しうるに至《いた》った」と書いています。

りか　そうか。「白金が清潔になっている」っていうことは、〈白金の表面にある原子〉が〈水素分子や酸素分子〉を引きつけて、その分子を原子に分解してしまうんじゃないの？

それで2つの原子同士が結合するのを助けることになるんでしょ。

はかせ　そう、今の科学の結論から言えばそうです。だけどファラデーの時代には、まだ〈分子と原子の考え〉がしっかりしていませんでした。だから、彼はそう明確に考えられませんでした。しかし〈白金《はっきん》固体の表面の原子〉に着目《ちゃくもく》したのは素晴らしいことでした。彼は「白金の触媒《しょくばい》作用は、表面の原子の働きによるのだ」ということを明らかにして、今日の表面科学、触媒の科学の基礎を築いたといっていいのです。

晩年のファラデー

ファラデーがクリスマス週間に青少年向けに講演しているところ（王認研究所で）

第７章

磁石を近づけると逃げる物質の発見

〈光も磁石に影響を受ける〉ことの発見から
〈電波の存在〉の予言まで

重ガラスを持っているファラデー。
重ガラスは〈光の磁化〉と反磁性発見のきっかけになった。

ここでは、「光の磁化《じか》」の実験に成功した話から始めることにします。

えみ子　えっ、「光の磁化」って、どういうことですか。

秀夫　そういえば、僕も「光の磁化」なんていう話は聞いたことがないなあ。

工作　なんだ、秀夫君も知らないのか。それじゃあ、僕が知らなくて当然だな。

●光も磁石に感ずるか？●

はかせ　そういうわけか。みなさんがそう考えるのは、〈光の磁化〉という言葉がよくないからでしょうね。そこで、「〈光が磁石に感化される〉ことを発見した」と言い換えたらどうですか。

えみ子　えっ、「光は磁石に感化されて、その進行方向を変える」なんていうことがあるんですか。

工作　まさかあ。そんなことはないよ。

えみ子　それなら、磁石は光にどんな影響を与えるのさ。

工作　それは、僕にもわかんないんだけど。
はかせ　光にはどんな性質があるか、君たちの知っていることを片っ端からだしてみてくれないかなあ。
工作　光の進む〈方向〉のほかに、〈強さ〉っていうか、明るさ。
りか　それに〈速度〉があるでしょ。
はかせ　それですべてですか。
秀夫　「偏光《へんこう》」というのを聞いたことがあります。
工作　そうそう。「液晶表示板《えきしょうひょうじばん》」には、「偏光板《へんこうばん》」というのが使われているんでしょ。
はかせ　よく知っていたね。

●〈液晶表示板〉と〈偏光板〉●

工作　電卓の液晶表示板から偏光板を取り出して、遊んだことがあるんです。
りか　それでどんな遊びができるの?
工作　電卓の液晶表示板から偏光板を取り出すと、液晶表示板の数字が見えなくなっちゃうんだよ。だけど、その偏光板を通して表示板を見ると、その人だけに数字が見えて、手

電卓の解剖図

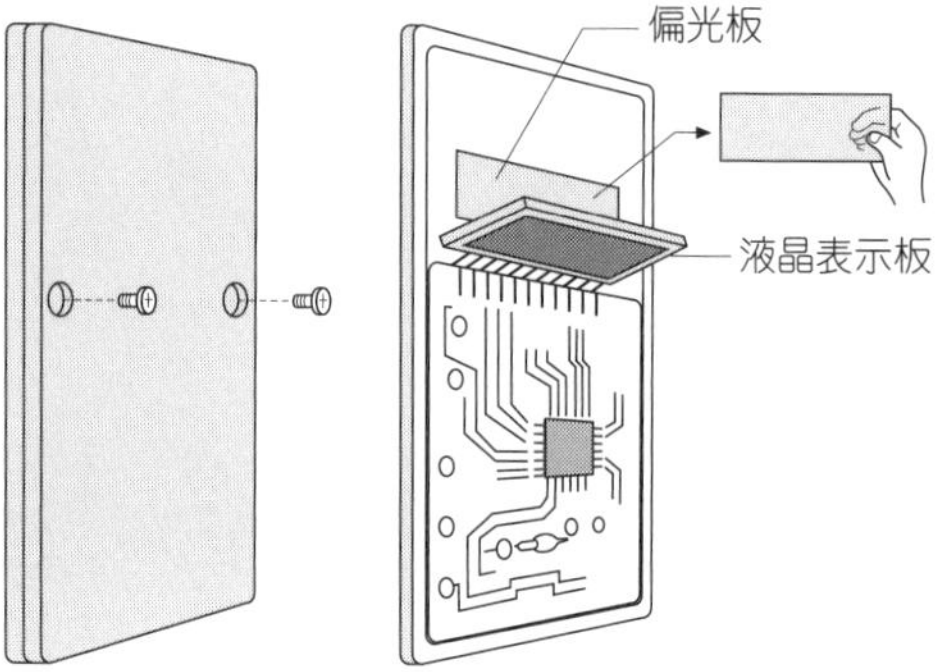
偏光板
液晶表示板

電卓の中の偏光板を１枚はずすと電卓のキーを押しても数字は見えません。でも，偏光板を上にのせると，その数字が見えるようになります。そうしたら次は偏光板を回してみましょう。数字が白くなります！（さらに回すと……また黒い数字が見えてきます）

偏光板を使った手品１

くるっと
まわすと…
電卓の
液晶表示板
268
268

偏光板を使った手品２

偏光板を抜き取った電卓で誰かに計算してもらいましょう。

答えは誰にも見えないけれど，そっと偏光板を使って見れば，答えがわかります。

答えが
見えないじゃん

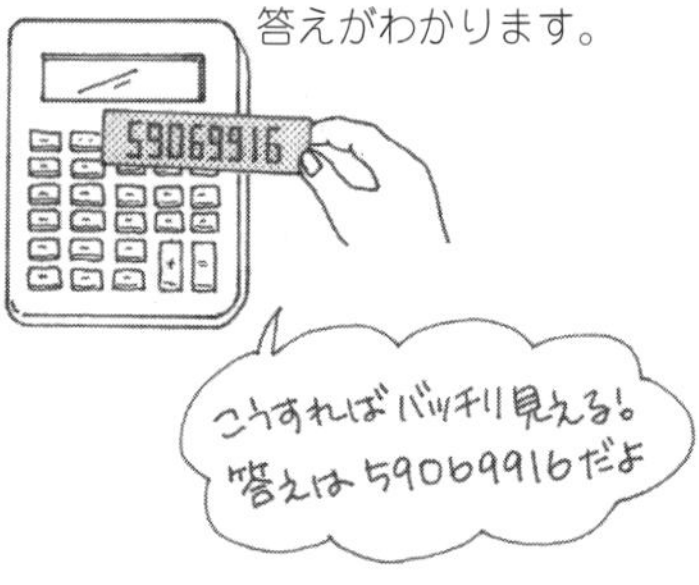
59069916
こうすればバッチリ見える!
答えは59069916だよ

品のようなこともできるんだよ。おもしろいよ。

はかせ　そうか、「偏光《へんこう》」のことは中学校の理科では取り上げないけど、工作君は遊びの中で偏光板と付き合っているというわけか。

りか　偏光板《へんこうばん》ってどんなものなの。

工作　偏光板っていうのは、プラスチックの板で、一枚だけで見ると、向こうが透きとおって見えるんだけど、2枚重ねると、重ね方によって、透明のままだったり、光をまったく通さなくなったりするんだよ。液晶表示板というのは、その性質を利用して、液晶板の一部だけを黒くして、数字などに見えるようにしてあるわけなの。

秀夫　なんかおもしろそうだな。

りか　そうよね。博士はその偏光板を持っていないんですか。

はかせ　そこの引き出しの中に入っていると思いますよ。袋の上に「偏光板」と書いてあるからすぐにわかりますよ。

えみ子　ありました！　2枚出すんでしょ。あれ、少し暗く見えるけど、ふつうの透明《とうめい》なプラスチック板と同じじゃないの。

工作　僕にかしてごらんよ。いいかい、上のほうの板を下の板の上で少しずつ回転させて

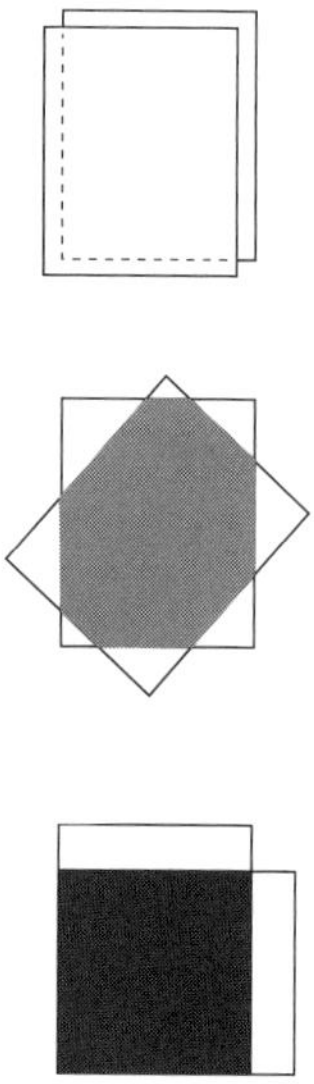

みるよ。……

みんな　あっ、黒くなってきた！　……直角にすると、真っ黒くなるんだね。……今度は、だんだん透明になってきた。

はかせ　透明板を使うと、もっとおもしろい実験がいろいろできます。だけど、その実験はいつか別の機会にやることにして、今は先を急ぎましょう。

秀夫　どうして、黒くなったり透明になったりするんですか。

はかせ　そうそう、そのことだけは説明しておかなければなりませんね。

　じつは、ファラデーの時代には、こんなに便利なプラスチックスの偏光板はまだ発明されていませんでした。けれども、透明な方解石《ほうかいせき》をうまく切って、これと同じはたらきをするものができていました。

工作　方解石って、「こわすと、同じ形にわれる石」でしょ。

はかせ　そうそう、その石です。

りか　「透明な方解石」といえば、複屈折《ふくくっせつ》の実験に使いますよね。

複屈折＝１本の線の上に透明方解石を置いてみると，線が２本に見える。

秀夫　そうそう、１本の直線の上にその方解石《ほうかいせき》を置いて見ると、２本に分かれて見えるっていうやつだよね。

はかせ　よく覚えていたね。〈偏光《へんこう》〉という光の性質は、その〈透明方解石〉の不思議な性質の研究の中から発見されたんです。じつは、光には「波」の性質があるんですが、その波の振動《しんどう》は、〈光の進行する方向に直角の方向〉に起きているんです。だけど、たとえば、〈真東の方向に進行する光の方向と直角の方向〉と言ったら、上下左右など、いろいろ方向がありますね。ふつうの光は、そのあらゆる方向に振動しているんです。ところが、〈透明方解石や偏光板〉を通った光や、壁で反射した光は、ある方向に振動する成分だけ吸収されて、残りはそれと直角の方向に振動する光だけになってしまうんです。そこで、そういう光を〈偏《かた》よった光＝偏光《へんこう》〉というんです。

　そこで、たとえば「上下に偏った偏光」をもう一度「前と同じ方向に振動する偏光を吸収させるような角度」に置くと、もう吸収されるような光の成分はないので、そのまま素通りしてしまうので、明るさは変わりません。しかし、偏光板を90度回転させて、「前とは直角に振動する光の成分」を吸収させるようにすると、今度は全部の光が吸収されることになってしまいます。そこで、光をまったく通さなくなって、真っ暗になるわけです。言葉だけでは難しく思えるかもしれませんが、実際に偏光板を手に持って実験してみると、簡単にわかりますよ。

●〈エネルギー保存の法則〉の話●

さて、これまでの話は、ファラデーが発見したことではなくて、彼が「光と磁石との関係」の研究をはじめたときまでに知られていたことです。ファラデーはその光の性質を利用して、「磁石が光に影響を与えることがある」ということを発見したんです。

秀夫　だけど、ファラデーはどうして、〈光と磁石との関係〉なんか研究しようと思ったんですか。

はかせ　そのことは、彼がその関係を発見したとき発表した論文の最初に書いてありますから、読んでみましょう。

私は長いあいだ、こんな「意見」というか、「確信」を心に懐《いだ》いてきました。それは、私だけの意見＝確信であるというだけでなくて、「自然の知識を愛する多くの人びとに共通なもの」だと思うのですが……、「〈物質の諸力が現れる形態〉は、一つの共通の起原《きげん》をもっているに違いない」というのです。言葉を変えていうと、「〈物質の諸力が現れる形態〉は、じかに関係しあって相互に依存《いぞん》しあっていて、そのため、その力の形態は相互に変換できて、それらの作用の大きさには〈当量関係《とうりょうかんけい》〉があるのではないか」というのです。

工作　なんか、わかりにくいなあ。

はかせ　これでも、ファラデーさんの論文をできるだけわかりやすく訳したつもりなんですけどね。なにしろ彼は百年以上も前の人で、これは学術雑誌に発表した論文ですからね。少し考えてみてください。

りか　わかりにくいけど、少しは感じがわかります。「〈蒸気力〉と〈電気〉とか〈光〉とかのエネルギーがあるけど、それらのエネルギーは相互に転換《てんかん》できるのではないか」というんでしょ。

秀夫　そうか、わかった！　ファラデーがこの論文を書いた時代には、「エネルギー保存の原理」というのも認められていなかったんでしょ。それで「エネルギー」という言葉を使わないで「力」というから、わかりづらいんですよね。

はかせ　そうそう、「エネルギー保存の原理」というのは、ちょうどそのころ「発見されつつあった」んで、まだ「エネルギー」という言葉も一般には使われていなかったんです。

りか　とすると、ファラデーも「エネルギー保存の原理」の発見者の一人ということになるんですか。

はかせ　じつは、「エネルギー保存の原理の発見者」とみなされている人は何人もいるんです。ドイツのマイアーが「エネルギー保存の法則に関する最初の論文」を提出したのは一八四三年のことです。この人は医者だったので、〈人間の体温〉の研究からエネルギーに興味をもったのです。それと同じ年に、英国のジュールは、力学的に熱を発生させるときの「力学的な仕事量と、熱量との数量的な関係」を確定する実験結果を発表しました。それは「エネルギー保存法則」に確実な基礎を提供するものでした。そして一八四八年には、ドイツのヘルムホルツが『力の保存について』という本を出して、〈エネルギー保存の原理〉を明らかにしました。

秀夫　えっ、『力の保存について』っていう本ですか。

はかせ　よく気がついたね。『エネルギー保存の原理』でなくて、『力の保存の原理』だったんです。ヘルムホルツという人はドイツの大物理学者で、「エネルギー保存の原理」を発見した人なのに、「エネルギー」という言葉の代わりに「力」という言葉を使っていたんです。

りか　そうかあ。「原子力《げんしりょく》」というときの「力」というのは、エネルギーのことで、本当は「原子エネルギー」というのが正しいんでしょ。それなのにみんな「原子力」と言っている、というのと同じなんですね。

はかせ　そういうわけだね。科学研究では、言葉を正確に使わないと混乱してしまうことが多いので、理科の先生なんか、言葉の使い方をうるさく注意するでしょう。だけど、先《せん》端《たん》の科学者はそういう混乱の中で科学を研究しているので大変なんです。

りか　私たちは、科学者たちがはっきりと整理してくれた言葉を使っているから、わかりやすくなっているわけですね。

工作　その代わり、テストなんかで間違えると点を引かれてしまう。最先端を研究する人は、そんな間違いをあまり気にしないで研究する。僕は最先端で研究するほうがいいな。

はかせ　まあ、そういう考え方もありますね。さて、話をもとに戻すと、ファラデーも「エネルギー保存の法則」の発見者の一人に加えてもいいんです。「エネルギー保存の原理を発見した人々の論文」を集めて訳した本に、『エネルギー理論の成立』（一九五一）という本がありますが、その本には、マイヤーとヘルムホルツの論文のほか、ファラデーが一八五九年に発表した「力の恒存《こうぞん》」という論文も入っています。

秀夫　その「力の恒存《こうぞん》」という「力」もエネルギーという意味なんでしょ。

はかせ　そうです。ファラデーは「当時まだ〈力〉と呼ばれていたエネルギーは相互に転換するに違いない」と確信していたんです。もっとも、それだけのことなら、「エネルギー保存の法則」を発見した他の科学者たちも考えたことですが、彼はその一歩先を考えていました。ファラデーは「いろいろなエネルギーの間には、〈これまで知られている関係、影響の及《およ》ぼしあい〉のほかに、〈まだ発見されていない関係、影響の及ぼしあい〉があるのではないか」と考えて、いろいろな実験を積み重ねていたのです。

●〈まだ発見されていない関係〉の発見●

りか　〈まだ発見されていない関係〉というと、どういうことですか。

はかせ　たとえば、〈光と磁石〉とか〈重力と電気〉です。光や重力もエネルギーの一種です。だから、「他のエネルギーとの関係があってもいいのではないか」と考えて、その〈未知の関係〉を発見しようとしたのです。

秀夫　そういうことは、どうやって発見するんですか。

工作　そうだなあ。たとえば、「光と磁石は相互に影響しあう」ということがわかっていて、「その量的な関係を調べる」ということなら、いくらでも実験しようがあるだろうけど、「まだ知られていない関係を発見する」ということになったら、どういう実験をすればいいか、わからないものなあ。

りか　片っ端から実験してみるよりほかないわよね。

えみ子　たとえば、磁石に光を当てて、その明るさや方向がどう変化するか調べたり?

工作　ファラデーはどんな実験をしたんですか。

はかせ　ファラデーは思いついたことを片っ端から実験してみたようです。だけど、やみくもには実験できないので、少しはありそうなことを考えたんでしょう。そこでまず、〈偏光《へんこう》に対する磁石の影響〉に焦点《しょうてん》をしぼって研究することを考えたんだと思います。そして、「強力な磁石のN極とS極の間に偏光を通して、その偏光面が変わることがないか」を調べはじめたんでしょう。しかし、何の変化も認められなかったので、今度はその磁極の間にガラスを入れて偏光面の変化を調べることにしました。ところが、いくら注意深く調べても、偏光面は変わりませんでした。そこで今度は、「あの〈重《じゅう》ガラス〉を使ったらどうだろう」と考えついたんです。

〈重《じゅう》ガラス〉というのは、彼がずっと前にロンドン王認学会の委託《いたく》で、光学用ガラスの研究をしたときに〈珪素《けいそ》と硼酸《ほうさん》と鉛《なまり》で作ったガラス〉です。そこで、「この重《じゅう》ガラスのほうが光に対する磁石の影響を調べるには都合がいいだろう」と思ったんでしょう。

えみ子　その光を偏光板に通してみたら、見えないはずの光が見えたんですか。

●〈光の磁化〉=ファラデー効果の発見●

はかせ　ファラデーはその発見のことを書いた論文の最初に、その実験装置のことをこう書いています。

――まず5cm四方で厚さ1cmあまりの重《じゅう》ガラスの両端を平らにみがいて、それを電磁石の間に入れて、そのガラスの中に偏光《へんこう》が通るようにしました。そして、もう一つの偏光板《へんこうばん》を通してその光をのぞき、偏光がこない位置にしておきました。スイッチを入れて電磁石を働かせると、向こうのランプが見えるようになりました。ところが、スイッチを切って電磁石を働かせないと、ランプからくる偏光は目に入らなくなって見えなくなりました。この現象はいつでも好きなときに再現できるから、原因と結果の関係は完全です。

というのです。

ここには、平静に書いていますが、それまで見えなかった向こうのランプが電磁石のスイッチを入れたとたんに見えたとき、とても嬉しかったに違いありません。そのあと、そのスイッチを切ったとき、向こうのランプが見えなくな

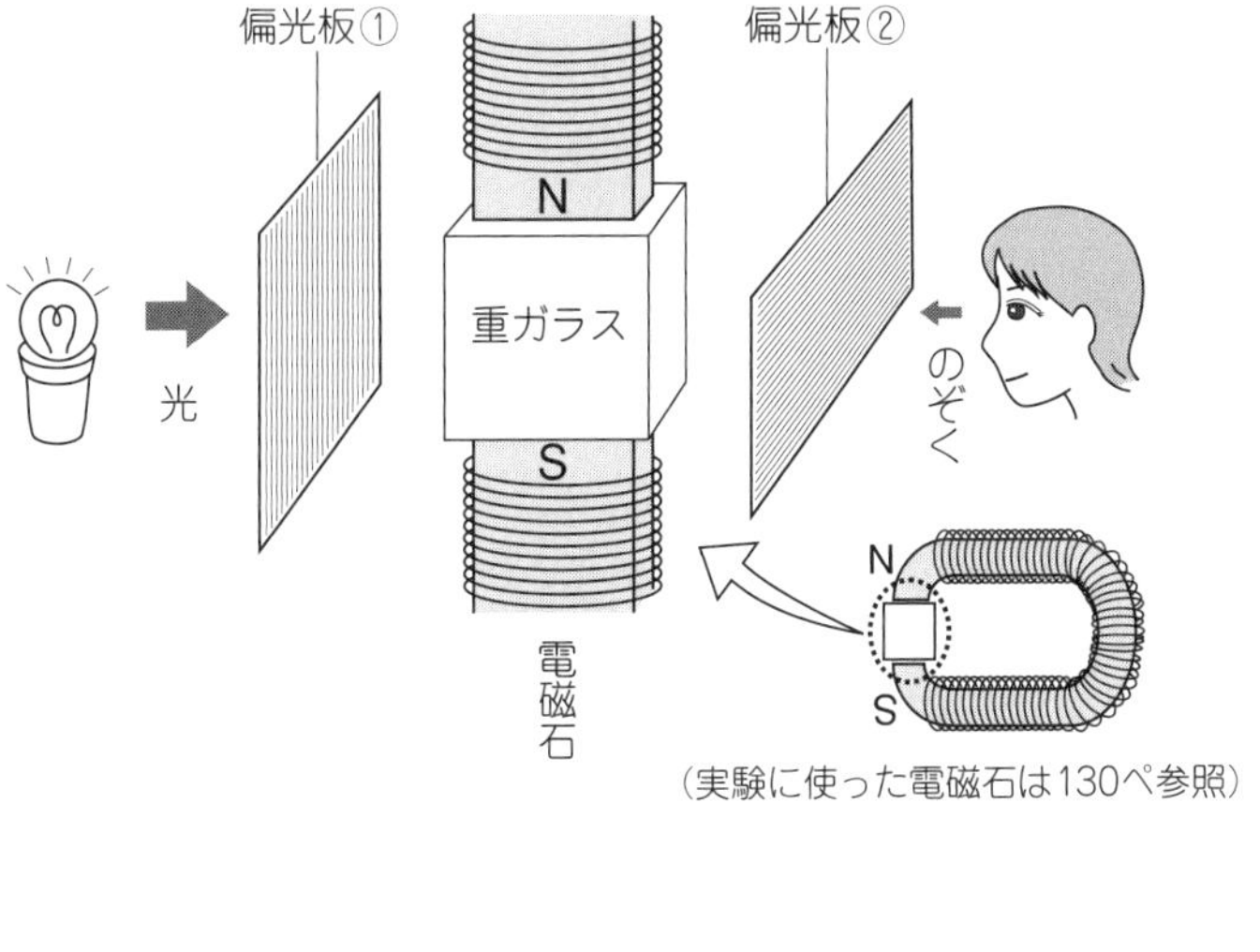

（実験に使った電磁石は130ペ参照）

って、またスイッチを入れたら見えるようになることを確かめたとき、彼は「ヤッター！」と叫びたい気持ちになったことでしょう。

秀夫　そうか。「それまでは、光は2枚目の偏光板《へんこうばん》にすいとられて真暗くなったのが、今度は磁力のために偏光の向きが変わった」というわけですね。それで、2枚目の偏光板を通過するようになって、向こうのランプが見えるようになった、というわけですね。

えみ子　なんだ。「偏光面というのが少し回転した」というだけのことか。

りか　だけど、これは大発見なのかもしれないわよ。

えみ子　どうしてさ。

りか　だってさ、それまでは光と磁石なんかまるで関係がないと思われていたんでしょ。だけど、この発見で「光と磁石とは関係がある」ということになったんでしょ。それに、磁石と電気とは関係があることはもう前からわかっていたじゃない。よく、「光は電磁波＝電波の一種だ」っていうじゃないの。

えみ子　わかった、わかったわ。「〈光は磁石や電気と関係がある〉とわかれば、〈光は電気や磁石力の波かもしれない〉と思いつくこともできるようになる」っていうわけでしょ。それなら、たしかに大発見よ。

●光の電磁波説の確立●

りか　「光は電磁気の波＝電磁波《でんじは》かもしれない」とはじめて考えたのは、ファラデーなんですか。

はかせ　そうです。彼はもともと「実験的に発見された事実」だけしか発表しない科学者でした。ところがその彼も、「光の電磁波説」だけは、思いついただけのことでも発表しておきたかったのでしょうね。「光の磁化」に成功した翌年4月に、彼の「光線振動についての考察」という論文が発表されました。

えみ子　やっぱりそうか。

工作　そうか。大発見っていうのは、そうやって、積み重なっていくのか。

はかせ　ファラデーは「予想」の人でした。それに彼は、数学がまるでできなかったので、自分の発見したことを数学的な理論にまとめあげることができませんでした。ところが、さいわいなことに、間もなく英国にマクスウェル（一八三一～一八七九）という数学のとてもできる物理学者が現れました。マクスウェルはファラデーよりも40歳も若い物理学者ですが、「ファラデーが一人でたくさんのことを発見しえた謎」を解こうとしました。

じつは、ファラデーは数学ができなかったこともあって、「電気力や磁気力の力の線＝

〈力線〉が空間を満たしている」と考えて、電磁気の実験をやっていたのでした。そこでマクスウェルは、「その〈力線〉のイメージを数学化したら、何か重要な発見が浮かび上がってくるに違いない」と考えました。「ファラデーが頭の中に描いたイメージ」を数式化しようと思ったのです。そして彼は、「電磁気力の作用する空間＝場《ば》」の数学的な理論を作ることに成功しました。

ところがです。その数学的な理論を元にして、「〈電磁気力の作用する場《ば》〉に波が起きるとしたら、その波の速度はどのくらいになるか」ということを計算してみました。すると、何ということでしょう。「その速さは光とぴったり同じになる」ということになったではありませんか。そこで彼は、「光というのは、電磁場《ば》の波＝電磁波《でんじは》だ」とする数学的な理論を提唱《ていしょう》しました。それは一八七一年のことで、ファラデー（一七九一～一八六七）が75歳で亡くなってから4年後のことでした。

そのマクスウェルは一八七九年に48歳で亡くなってしまいましたが、そのあと、ドイツのヘルツ（一八五七～九四）という物理学者が「電磁波＝電波」の存在を実験的に突き止めることに成功しました。一八八八年のことです。電磁波の時代は、こうしてファラデーの発見をもとにして開かれることになったのです。

●〈反磁性体〉の発見●

「光の磁化《じか》」のことを、多くの物理学者は「ファラデー効果」と呼んでいますが、その発見をした一八四五年という年は、ファラデーにとって、とても稔《みの》りの多い年でした。彼は同じ一八四五年に「反磁性物体《はんじせいぶったい》」というこれまた素晴らしい発見に成功したからです。

工作　えっ「反磁性物体」って何ですか。

はかせ　「磁石を近づけると、その磁石から逃げていく物体がある」ということを発見したのです。

えみ子　えっ、磁石を近づけると、吸いつけられるのではなくて、逃げるんですか。

工作　ファラデーは、そんな変な物の存在をどうして発見したんですか。

はかせ　じつは、その発見は、もとはといえば、彼が「光の磁化」を発見した実験装置を組み立てたことにあります。

「光の磁化」の実験で彼は、重《じゅう》ガラスを電磁石の間に置いて、電磁石のスイッチを入れたり切ったりして、重《じゅう》ガラスを磁化して実験しました。その重《じゅう》ガラスを電磁石の間に固定するとき、ファラデーは重《じゅう》ガラスを上から紐《ひも》で吊《つ》ってみたことがあったのでしょう。ところが、そうして電磁石のスイッチを入れると、重《じゅう》ガラスが電磁石の力を感じて動くことに気づいていたのです。そこで、「光の磁化」の研究を終えたあとすぐに、「重《じゅう》ガラスは電磁石の磁力をなぜどのように受けるのか」を調べたのです。その結果、重《じゅう》ガラスは磁石から逃げるようにして動くことが明確になってきたのです。「重《じゅう》ガラスは磁力など感じない」と思っていたのに、「そうではなかった」どころか、これまでの磁性体とはまるで反対の動き方をしたのです。

こんなことが発見されたら、あなたならどうしますか。

りか　わたしだったら、「ほかにも磁石から逃げる物体があるのではないか」と調べまくります。

工作　ぼくもそうするな。

はかせ　たのもしいね。みなさんもファラデーに似たところがありますね。何か新発見らしいものに出くわしたら、「それに関係することを徹底的《てっていてき》に調べまくる」というのがファラデーのやり方でした。それなら、まずどんなものを調べてみますか。

秀夫　重ガラスでうまくいったのなら、水晶《すいしょう》とか食塩とか、氷砂糖とかも電磁石の力を感じないか調べてみます。

●ファラデー流〈徹底的調べまくり〉●

それでは、ファラデーはそのときどんな調子でどんなことを調べまくったか、見てみましょう。

じつは彼は、学会誌に出す論文ではつとめて冷静をよそおって書いているのですが、個人にあてた手紙などでは、興奮《こうふん》丸出しです。たとえば、彼がその年12月4日に外国の親しい友人、ドラリーヴさんに出した手紙を読んでみると、

「〔数週間もお返事せずにすみませんでした〕最近の私は実験室に閉じこもり、あらゆることを一切《いっさい》やめて、仕事に没頭《ぼっとう》していたからでございます。……私はいまだに発見に夢中のあまり食事をとる時間もおしいのです。そして今は、元気を回復させると同時に頭を働かせるべく、ここ保養地に滞在《たいざい》しているのです。もしも私がここで休息をとらなかったら、とうてい仕事を続けることができなかっただろうと思います」

と書いてあります。

彼が11月27日にまとめた論文には、このとき調べた物質が書き上げられています。そのリストの最初の部分を書き写すと、まず、

「水晶《すいしょう》、硫酸石灰《りゅうさんせっかい》、硫酸バリウム、硫酸ナトリウム、硫酸カリウム」……

とあります。これらは、ふつうの化学実験室の薬品棚に置いてあるものです。その磁性《じせい》を調べたところ、これらのものはなんと、すべて〈反磁性《はんじせい》〉を示しました。磁石から逃げたのです。そこで彼は、21種類もの化学薬品類の磁性を調べたあと、今度は、水、アルコール、エーテル、硝酸《しょうさん》、硫酸といった液体の磁性まで調べました。これも反磁性でした。

それからさらに彼は、台所に行って、オリーヴ油、砂糖、澱粉《でんぷん》、乾燥した羊肉、新鮮な牛肉、乾燥した牛肉……といった食品の磁性まで調べあげました。それだけではありません。なんと、新しい血《ち》、乾《かわ》いた血、革《かわ》、リンゴ、パンまで調べました。

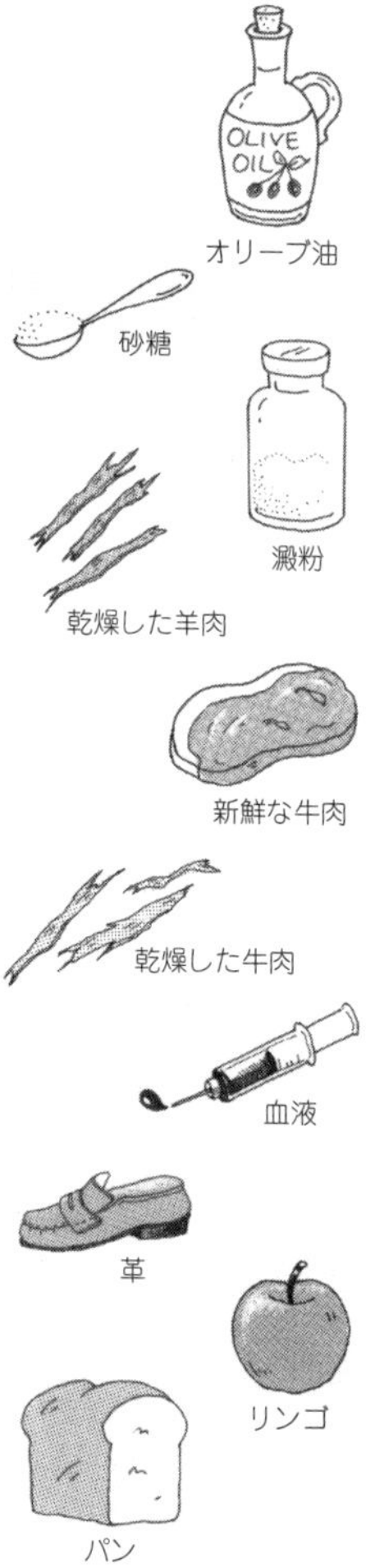

その結果はどうだったでしょうか。彼は全部で56種類の物質名を挙《あ》げているのですが、そのすべてが〈反磁性《はんじせい》〉を示しました。〈反磁性〉というのは、特別な物質の変わった性質

ではなかったのです。人間だって吊《つ》るして調べれば、反磁性を示すのです。

しかし、金属はすべてが反磁性というわけではありませんでした。13種類の単体金属のうち、白金《はっきん》・パラジウム・チタンは、鉄・ニッケル・コバルトと同じように磁石に吸いよせられました。しかし、金、銀、銅、水銀など10種類の金属は〈反磁性体《はんじせいたい》〉でした。多くの人は、いまでも「磁性があるのは、鉄などごく一部の物体だけだ」と思っていますが、「すべてのものには磁性がある」といっていいのです。ただし、この世の大部分のものは〈反磁性体〉だったのです。

ファラデーはこういう数々の発見に夢中になって、その科学者人生を過ごしたのです。みんなの話し合いを聞いていると、みなさんも、同じような科学者になれそうですよ。

ファラデーはその後、〈コックリさんのなぞ――じつは人間が無意識に動かしていること〉なども研究しています。彼は結婚後も妻と二人で王認研究所の建物の中で暮らしましたが、子どもはできませんでした。彼は爵位《しゃくい》はもらいませんでしたが、67歳のとき（一八五八年）ビクトリア女王から邸宅を提供されて、そこに移り住み、一八六七年8月25日、75歳で亡くなりました。

あとがき

さて、いかがだったでしょうか。

私は、ずっと前に『ぼくらはガリレオ』という本を書いたことがあります（岩波書店、一九七二年）。その本がとても好評だったこともあって、その後ずっと「こんどは『わたしもファラデー』という本を書きたい」と思っていました。『ぼくらはガリレオ』には、本書と同じ四人の子どもが登場して、女の子もかなりカッコよかったりするのですが、その書名が「ぼくらは……」では、男が主役に思えてしまいます。そこで、そのことが気になっていたので、「今度は女も男もない〈わたしも……〉にして」と思っていました。今回それが実現できて、とてもうれしく思っています。なにしろ、『ぼくらはガリレオ』から三十一年もたっているのです。

その間ずっと、ファラデーの話を書きたいと思ってきました。しかし、実際にはいろいろな仕事が忙しくて、その話を書くことができませんでした。ところが昨年、『理科教室』〈星の環会〉の編集部から、「〈新・発明発見物語〉を数回の連載で書いてほしい」と依頼されて承諾したのが、この原稿の始まりでした。じつは、その原稿を引き受けたとき、新しい話を構想する余裕がないことに気付きました。そこで、「〈わたしもファラデー〉というテーマでなら」と了解を得て、この本の原稿を書かせていただいたのです。そんなわけで、この原稿は忙しい日程の中をかなり無理して書くことになりました。

じつは、私はどんな原稿を書くときも、ほとんど構想をたてずに、考え考え書いていくのが好きなのです。書きながら考えていくと、いろいろな発見が相次ぐことが多いので、気持ちよく書き進めることができるのです。ところが、今回は構想が先にあったので、困りました。部分的には「書きながら発見したこと」も少なくなくて、かなり楽しく書きつづけたのでしたが、全体的には「前まえからの構想では、もっと書きたいことがあったはずだ」という想いが捨てきれなかったからです。しかし、今回その原稿を一冊の本にすることになって読み直したら、我ながら「全体として読みやすくていい本になっている」と自信をもつことができました。ファラデーの伝記は、子ども向きのものも大人向きのものも、すでに10冊ほどもでていますが、これまでにない伝記を書くことができたと思っているのですが、どうでしょうか。

この本は、すでに出ているファラデーの伝記とくらべると、ずっとページ数が少ないので、話題を思い切ってしぼってあります。それが、はじめ書いたときの欲求不満のもとでもあったのですが、「気軽に読んでほしい」と思ったので、これ以上書き足さないことにしました。じつは、普通のファラデー伝にはほとんど書いてあるのに、この本では意図的にカットした話もあります。その一つは、「ファラデーが大きな発見をしたのに、デーヴィ先生が、自分が会長だったロンドン王認学会の会員にする選挙では反対票を投じた」という話です。普通の本には、それを「デーヴィ先生がファラデーの業績に嫉妬《しっと》したからだ」などと書いてあったりするのですが、私は「必ずしもそうではない」と思っています。ファラデーはその少し前に、デーヴィ先生が親しくしているウォラストン博士のアイデアを不注意にも「盗作した」と思い込まれるようなことをしてしまったのです。そこで、デーヴィ先生は、弟子のその不注意を償《つぐな》う必要も感じていたのだと思うのです。つまり、その事件は、若いファラデーの不注意と、デーヴィの思い過ごしによって生じた行き違いに過ぎないと思うのです。しかしその一方、私はこの本を書いて、「ファラデーの研究の多くはデーヴィの研究成果を受け継いだものだった」ということを改めて知りました。「科学研究はいい先生につくことが大切だ」ということを思い知ることになったのです。そこでますます二人の葛藤《かっとう》の話題など取り立てて書くまでもない、と思ったのです。

もう一つ、ファラデーのやった「クリスマス講演」のことも書きませんでした。王認研究所のはじめたクリスマス講演は、よく誤解されるのですが、「子ども好きのファラデーが青少年のためにサービスではじめたこと」ではありません。王認研究所はいつも財政困難だったから、所員の給料を支払うことも困難でした。そこで、研究所の収入を増やすためにはじめたのが科学の講演会であり、しかもその講演を最初にやったのもファラデーではありませんでした。

日本では、「科学の講演会をやると、それが研究所の収入を増やすことになる」などとは考えられない人が多いので、科学の講演会といえば、無料サービスと思い込む人が多いようです。しかし、クリスマス講演を聞くための会費はかなり高かったので、講演会の開催は研究所にとってかなりの財源になったのです。ファラデーの時代の英国は、そういう科学の講演会に高い入場料を払ってでも参加する人がたくさんいる社会になっていました。それがまた英国の科学の水準を高める働きもしていたのです。

そこで私は、日本でも「高い入場料を払ってでも、科学の講演会に行きたい」という人を育てることが重要だと考えて、「サイエンス・シアター運動」ということを始めています。日本ではまだ、「すぐれた科学の講演を聞きたい」と思っても、高度な科学をわかりやすく教えてくれるような企画がほとんどありません。しかし、私は一九六三年に「仮説実験授業」という、科学上のもっとも基本的な概念や法則を教える授業を提唱して、ほとんどすべての子どもたちを科学大好き人間にすることに成功しているので、その成果を生かして参加者にも実験器具を渡して実験してもらう講演会を開いているのです。この本の読者なら、「ファラデーのような研究大好き人間がいれば、日本にもたのしい科学の伝統を育てることが可能だ」と思ってくれると思うのですが、どうでしょうか。

デーヴィはファラデーを育てました。しかし、ファラデーは特定の弟子を育てることをしませんでした。ただ、ファラデーの晩年には、彼より29歳年下で、王認研究所外でファラデーの磁性体などの研究を受け継いでいたティンダル（一八二〇～一八九三）が王認研究所の教授に着任して、その後を継ぐことになったのです。

ところで、私は一九八八年夏にヨーロッパを旅行して、〈ファラデーの育ったロンドンの街〉を探索したことがあります。その話は、私が編集代表となっている『たのしい授業』にかなり詳しく書いたので、本書には取り上げませんでしたが、若い時代のファラデーをよりよく知るのに参考になることが少なくないと思います。よろしかったら、『たのしい授業』一九八八年12月号に掲載されている、板倉聖宣「ヨーロッパ科学史の旅③ファラデーの育った街――ロンドン(2)」という文章を見てください。

最後に「ファラデーの年図＝グラフ式年表」を掲げておきます。この年表には、本書で取り上げなかった事柄も書き込んであります。「ファラデーはほかにどんなことを研究したか」ということや、その時代背景などを知るのに参考になると思います。

なお、この本のもとの原稿は『理科教室』に連載当時から、仮説社の社長の竹内三郎さんに文章をチェックしていただきました。また、その原稿をこの単行本にまとめるに当たっては、出口由加子さんにいろいろ配慮していただき、雑誌連載当時よりもずっと多くの図版を入れさせていただきました。おかげで親しみやすい本になったと思います。お二人にとくに感謝します。また、この本を仮説社から出版することを了承してくださった星の環会にもお礼申し上げます。

二〇〇三年初秋　　板倉 聖宣

1863 72才	
1864 73才	○王認研究所の会長就任の提案を断る ○サンデマン教会の長老を辞退
1865 74才	○マクスウェル「電磁場の動力学的理論」 ⑤水先案内人組合の科学顧問の仕事をティンダルに譲る ○王認研究所の実験室監督を辞任
1866 75才	
1867	○マクスウェル『物質と運動』 ⑧25没（満75才）

長老

サンデマン派

実験室監督

科学顧問

フランクランド化学教授

ハックスリー・フラー生理学教授

ティンダル自然哲学教授

化学フラー教授

サンデマン派（1850–1860）／サンデマン派長老（1860–1862）
実験室主任（1850–1860）
ファラデー化学教授（1850–1862）
英国士官学校講師（1850–1852）
トリニティハウス科学顧問（1850–1862）
ファラデー化学教授（1851–1852）
ティンダル自然哲学教授（1852–1862）
ファラデー化学フラー教授（1852–1862）

年	年齢	事項
1850	59才	③「反磁性物体の磁極その他の条件」 ⑥「水と氷の哲学」 ⑧1「重力と電気のありうる関係」 ⑧15，気体の常磁性・反磁性を発見 ⑪19「大気の磁性」
1851	60才	③1，ロンドン万国博覧会，開幕 ○王認研究所，純粋研究の重視を表明
1852	61才	○英国士官学校の化学講師を辞任 ⑤ブランド化学教授を辞任（64）
1853	62才	⑥『タイムズ紙』に「コックリについて」を書く
1854	63才	⑤「精神教育に関する考察」を講演
1855	64才	①『電気学実験研究（3）』序文 ⑦9，テームズ川の汚染状況を『タイムズ』紙上で警告。 ○～翌年マクスウェル『ファラデーの力線について』
1856	65才	①フランスのナポレオン3世皇帝から，レジオン・ドヌール勲章を受章 ⑪～②ベーカー講演「金その他の金属と光の関係」
1857	66才	②「力の保存について」 ○王認学会の会長就任を断る
1858	67才	③復氷――圧力を加えて融けた氷の再結晶現象を発見 ⑥女王よりハンプトン・コートの邸宅を提供される ⑩『化学・物理学実験研究』序。出版は翌年
1859	68才	○プリュッカー，陰極線を発見 ⑫クリスマス講演「物質の諸力とその相互の関係」
1860	69才	○米クルックス編『物質と力』アメリカで刊
1861	70才	○マクスウェル「物理学的力線について」光の電磁波説を理論化 ○クルックス編『ロウソクの科学』アメリカで刊 ⑩1，理事会に辞職を申し出るが，講義引退のみ受理される
1862	71才	○ケンブリッジ大学より名誉博士の学位を受ける ⑥20，最後の金曜講演を行う ○ロンドン大学，最初の理学博士を出す ⑪名門私立高校の教育に科学が全く欠如していると指摘

1837 46才	サンデマン派輔祭			トリニティーハウス科学顧問	⑥ヴィクトリア女王即位（～1901） ⑧ナイト爵を辞退 ⑪「静電誘導について」 この年の化学分析の副業収入，92ポンドに減少		化学フラー教授
1838 47才		コプリー賞 （実験研究を休む）			①真空放電中の〈ファラデー暗部〉の発見を発表 ③母マーガレット没 ⑥「電気力線の性質」 この年の化学分析の副業収入0となる。以後22ポンド以下		
1839 48才		⑫ブライトンで休養			③『電気学実験研究（1）』序文 ⑪29重度の神経衰弱におちいる ⑫ブライトンで休養		
1840 49才	会派長老				①「ボルタ電堆のパワーの起原」　○ヒューウェル『帰納的科学の哲学』　⑤～⑥化学について7回連続講義　サイエンティストの名称を用いる　⑩15ロンドンのサンデマン教会の3長老の一人となる。隔週1回の説教を行う		
1841 50才					⑧「雷光の推察される形について」 夏3カ月，妻と義兄夫妻と一緒にスイスに保養旅行に出かける ⑫クリスマス講演「化学の初歩」6回講義		
1842 51才					○マイヤー〈エネルギーの保存法則〉の最初の論文を発表 ④「避雷針の中の電気伝導について」 ○『化学実験操作法』第3版		
1843 52才			フラー化学教授		①「水や水蒸気の摩擦によって生ずる電気」 ⑥「灯台のランプの換気」 ⑫クリスマス講演「電気の第一原理」6回講義	ブランド化学教授	
1844 53才	除名	実験室監督			①19金曜講話再開「電気伝導と物質の本性に関する思索」 ③31，教派から除名され，⑤5，復帰　○『電気学実験研究（2）』 ⑩地質学者ライエルとともに政府委託で炭坑爆発事故調査		
1845 54才	サンデマン派				①各種の分子の液化に成功，〈**臨界温度**〉の存在を発見 ⑪6，**ファラデー効果**を発見「光の磁化と磁力線の光化」 ⑫**反磁性現象**を発見「新しい磁気作用と全物質の磁気的な性質」		
1846 55才		3週間フランス旅行 ランフォード賞 ロイヤル賞			④15「光線振動についての考察」**光の電磁波説**を提出 ⑧「〈光の磁気的な性向〉と〈物質の強磁性と反磁性の区別〉」 ○前年の業績により王認学会よりランフォード賞受賞		
1847 56才					①「火薬について」 ○ヘルムホルツ『力の保存について』 ⑫「炎と気体の反磁性について」		
1848 57才					②「絶縁体としてのグッタペルカの利用」 ⑧兄ロバート，交通事故死 ○結晶磁気作用の発見 ⑫「ビスマスその他の物体の結晶極性とその磁気的な力との関係」		
1849 58才					②ルパート殿下に〈磁性物体と反磁性物体〉について進講 ○『電気学実験研究（1）』第2版刊 ⑫クリスマス講演に英国の2王子も参加		

1824 33才	①王認学会会員に選ばれる ○この年，『機械工雑誌』1.6万部 ○ブランド教授の実験室講義の一部を分担 ○「気体の液化に関する歴史的陳述」
1825 34才	②実験室監督に昇格　④〈携帯用ガス会社〉から残留液体の分析の依頼　⑤ハーシェル，ドランドとともに〈王認学会光学ガラス研究小委員〉となる　⑥**ベンゼンC_6H_6を発見**，論文 ⑫ミリントン，クリスマス講演を実施
1826 35才	②「硫酸とナフタリンの相互作用」　○〈金曜講演〉定期化 ④「純粋な弾性ゴム」　⑥「蒸発への限界の存在」 ⑦「常温での硫黄の流動性」 ⑫最初のクリスマス講演，定期化
1827 36才	②～⑤ロンドン会館で〈実験操作法〉講義→『化学実験操作法』を出版　⑩新設ユニヴァーシティ・カレッジ（ロンドン大学）の化学教授就任を辞退 ⑫ガラス研究の助手としてアンダーソン軍曹，着任
1828 37才	③「硫酸ナトリウムの無水結晶」 この年，ガラスの実験研究に没頭
1829 38才	○海軍本部の科学諮問委員となる ②「ブラウン運動について」　⑤25デーヴィ，スイスで没(50) ⑥英国士官学校化学講師就任交渉 ⑪～⑫ベーカー講演「光学ガラスの製造について」
1830 39才	○『化学実験操作法』再版　○バベッジ『英国科学衰退論』 ⑫〈歯車の歯を通して断続的に見る絵の錯覚〉論文掲載は1831年 この年の化学分析の副業収入，年額1000ポンドを越える
1831 40才	⑦学会幹事にガラス研究への協力を断る　⑥13マクスウェル誕生 ⑨大英学術協会最初の大会 ⑪24**電磁誘導現象**を発見，論文発表　⑪ブライトンで夫婦休養 この年の化学分析の副業収入，前年を越え1090.2ポンド
1832 41才	①「地磁気による電磁誘導」　○オックスフォード大学名誉博士 ⑦サンデマン教会の輔祭となる ⑫研究所の財政悪化，減俸問題発生 この年の化学分析の副業収入，155.45ポンドに激減　コプリー賞
1833 42才	①「**出所の異なる電気の同一性**」　②ジョン・フラー，教授職（生理学・化学）資金を寄付　④**半導体の存在**を発見，論文 ⑥**電気分解の法則**を発見，論文 ⑪**白金表面の触媒作用**を発見，論文
1834 43才	①「物質粒子＝原子と関係した電気の絶対量」 ④「ボルタ電堆の電気について」 ⑪「電磁的な火花・衝撃について」
1835 44才	①「電流のそれ自身に対する誘導〔自己誘導〕」 ⑥「改良型のボルタ電池」 ○年金問題でメルボルン首相に会う。話がこじれて，⑫24，年金300ポンドを受ける
1836 45才	②ロンドン水先案内協会（トリニティー・ハウス）の科学顧問，顧問料年200ポンド　⑤「気体の凝縮の歴史」 ○〈試験機関〉として新設のロンドン大学の評議員となる

サンデマン派教徒（1825～1832）　サンデマン派輔祭（1832～）

実験室監督（1825～）

ガラス研究（1825～1829）　英国士官学校講師（1829～）

フラー化学教授（1833～）　トリニ（1836～）

⑪ブライトンで夫婦休養（1831）　コプリー賞（1832）　旅行　ロイヤル賞（1835）

ミリントン機械学教授（～1829）　ブランド化学教授（1829～）　ロジェ生理学フラー教授（1833～1836）

学会幹事　王認学会会長（1824～1826）

デーヴィ名誉化学教授（1827～1829）　ファラデー実験室監督（1829～1833）　ファラデー化学フラー教授（1833～）

年	ファラデーの経歴	事項	王認研究所・王認学会
1811 20才	学会に参加	③イングランドの織物工業地帯で機械破壊のラダイト暴動始まる ⑩デーヴィ，アイルランドで〈化学理論の原理／地質学〉の連続講座，550人収容の新実験室に半分しか入れず好評	学会
1812 21才	製本職人	②29～④10デーヴィ教授の講義を４回聴講 ④デーヴィ，ナイトとなり結婚 ⑦12，アボットへの手紙第一信　⑤炭坑爆発事故で92人死亡 ⑩7，年季明け，ド・ラ・ロシェ書店に勤める	
1813 22才	王認研究所助手	③18実験助手（週給25シリング），ビートからの砂糖抽出の実験 ④5，デーヴィ辞任，名誉教授 ○ブランド（1788～1866）後任化学教授となる ⑩13デーヴィ夫妻と大陸旅行に出発⑩炭鉱事故予防協会設立	幹事 デーヴィ名誉化学教授 ブランド化学教授
1814 23才	**フランス→イタリア→スイス→**オーストリア→**イタリア**→ドイツ→ベルギー	①8～2/7モンペリエ　③16～4/3フィレンツェでダイヤモンドの燃焼実験　③31，連合軍，パリに入城　④6～⑤7ローマ ⑤8～⑥2ナポリでヘラクレウムのパピルスを調査 ⑥末～⑩初，ジュネーヴ　⑪/2～1815年③初，ローマ	事
1815 24才	王認研究所実験助手	③初～③21，ナポリ　ドイツ，ベルギーを経て，④23帰国 ⑤7，助手に再雇用，週30シリング　③～⑥ナポレオンの百日天下　○デーヴィの〈安全灯の考案の研究〉を手伝う ⑪7デーヴィ，**安全ランプの発明**，学会で発表	
1816 25才	市民理学会で連続講演	①市民理学会連続講演開始〈物質の通有性〉〈凝集力〉，以後〈親和力／輻射物質／酸素・塩素……〉　⑦研究所『季刊ジャーナル』創刊　⑦処女論文「トスカナ産の生石灰の分析」　⑪ブランド教授，王認学会の事務局長＝幹事となる	ミリントン機械学教授 学会幹事
1817 26才		②19「〈知識獲得の手段〉と市民理学会」 ⑦「毛細管を通じての気体の流失」『季刊雑誌』 ⑦7，ミリントン（1779～1868）機械学教授 ⑩15市民理学会の連続講演，12回目（金属一般について）	
1818 27才	鋼の研究	①「銀のアンモニアへの溶解」④「アンモニアと塩素の化合物について」⑦〈心の慣性〉についての考察を市民理学会で講演⑦「炎によって管に生ずる音」⑩「ホウ酸」 ○デーヴィ，ヘラクレネムのパピルスを調査	男爵
1819 28才		④「管を通過する気体についての実験的考察」 ⑦「ウーツ鋼＝インド製鋼鉄の分析」○市民理学会での連続講義，一回　⑩サンデマン派の友人バーナードの妹サラと恋愛 ○ブランド『化学便覧』３巻	
1820 29才		⑦ストダートと共著「鋼合金の改良実験」 ⑥19王認学会会長のバンクス没　⑩エールステッドの〈電流の磁気作用〉の論文，英国に達する ⑫21，CとClの新化合物C_2Cl_6，C_2Cl_4を合成『哲学雑誌』	⑪王認学会会長
1821 30才	サンデマン派教徒 実験室・鉱物収集助手 講義用実験器具管理者	①「常温での水銀蒸気」 ⑥12，結婚。サンデマン派教徒。所内に住み，建物管理責任者となる ⑨11**〈電磁回転〉の実験に成功**，論文投稿	
1822 31才		①「回転運動の演示用の電磁装置」 ③21，ストダートと共著「鋼合金について」 ⑦「アルカリ性の植物の色の変化について」	
1823 32才		③13**塩素の液化**に成功，論文発表　④「二三の気体の液化」 ○下水管を液体塩素で消毒する仕事を受け持つ ○パリ学士院通信会員となる ○デーベライナー，白金自動点火器	

ファラデー 年図

1791～1867

＊この年表は，１年の幅がほぼ同じくらいになるように作られています。○の中の数字は月です。ＲＩ＝王認研究所

年	ファラデー	出来事	Davy（その他研究所人事）
1789		フランス，⑦12バスチューユ監獄襲撃，フランス大革命始まる	
1790	ファラデー	④10英議会，特許庁新設　アメリカ，④17フランクリン没	
1791		⑨22誕生	
1792 1才		フランス，⑨21王制を廃止	
1793 2才		○特殊法人〈農業改良会〉設立 ②1フランス，英・蘭・スペインに宣戦布告	
1794 3才		フランス⑤8，ラボアジェ処刑	
1795 4才		王認会館＝有用な機械の発明・改良についての知識の普及と，それを一般に利用できるようにし，一連の講義と実験とによって日常生活への科学の応用を教えるための公共の会館。その後，研究所の性格をもつ。	外科医・薬剤師の徒弟
1796 5才	○一家とともにマンチェスタースクエアに移住。		
1797 6才		②ランフォード伯爵，貧民生活改善協会の会員となる	
1798 7才		○ランフォード伯，ロンドン王認会館の設立を提唱 デーヴィ笑気発見	医用気体研究所員
1799 8才		③7，58人の出資者総会〈王認会館〉設立決定 ⑨ガーネット，ウェブスター雇用	
1800 9才		②ガーネット，王認会館の講義を開始	
1801 10才		②16，デーヴィ（1778～1829），RI化学助講師 ⑦デーヴィ皮なめし調査	RI助講師
1802 11才			⑤
1803 12才			⑪FRS
1804 13才	リボー店使い走り	⑪ペイン，実験室ボーイとなる フランス，⑤18ナポレオン皇帝宣言	デーヴィ化学教授
1805 14才	リボー書店徒弟奉公	⑩7，徒弟奉公　○ウォラストン白金の実用化 ⑩21ネルソン，フランス海軍を破る	
1806 15才		⑩デーヴィ，電気分解に目をつける	
1807 16才		⑩6デーヴィ，電気分解により金属K，Naの分離 ⑪デーヴィ，王認学会幹事となる	学会幹事
1808 17才		○一家，ウェマース街に引越　○ドールトン原子論 ○テータム〈市民理学会〉結成	
1809 18才		○ワッツ著『知性の開発』を愛読 ○『大英百科事典』の中の〈電気〉の項を愛読して追試 ○『理学雑記帳1809～10』を書き始める ○『化学の対話』刊	
1810 19才	市民理	②テータムの公開講座に出席，市民理学会に入会 ④18〈RI法〉議会通過，公営化 ○『化学の対話』を愛読 ⑪デーヴィ，単体塩素を分離	

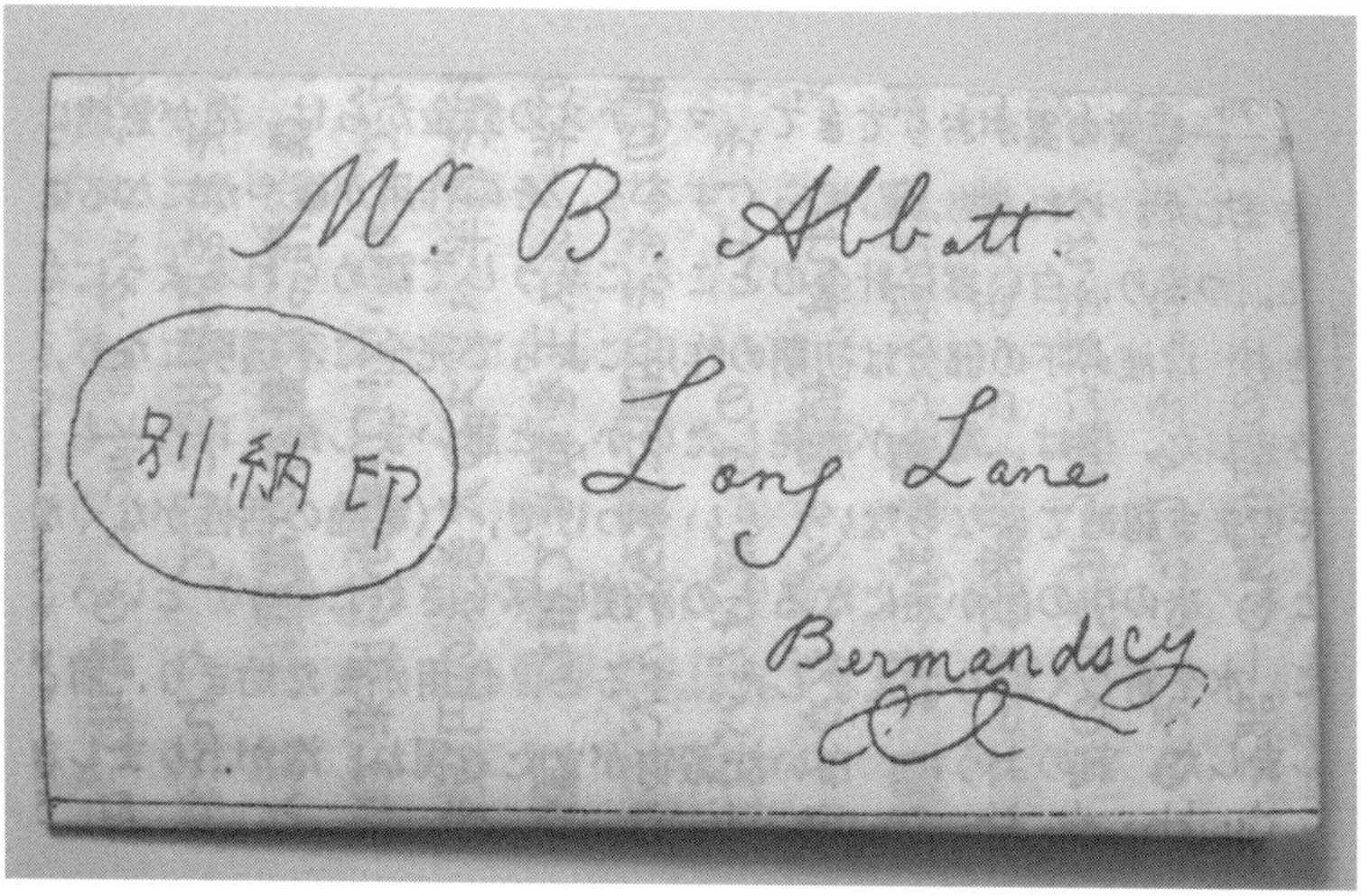

ファラデーが友人アボットに宛てた最初の手紙（実物大）
板倉が複製・翻訳したもの。
（22ページ〜29ページ参照）

板倉聖宣（いたくら・きよのぶ）
1930年　東京の下町に職人の子として生まれる。
1958年　東京大学で科学史を専攻，物理学史の研究によって理学博士となる。
1959年　国立教育研究所（現国立教育政策研究所）に勤務。
1963年　科学教育の内容と方法を革新する仮説実験授業を提唱。
1983年　編集代表として月刊誌『たのしい授業』（仮説社）を創刊。
1995年　国立教育研究所を定年退職し，私立板倉研究室を設立。
2018年　2月7日逝去。

〔主な著書〕『科学と方法』『科学と仮説』（季節社）『ぼくらはガリレオ』（岩波書店）『日本史再発見』（朝日新聞社）『新版 科学的とはどういうことか』『歴史の見方考え方』『仮説実験授業のABC』『砂鉄とじしゃくのなぞ』『ジャガイモの花と実』『増補 日本理科教育史』『フランクリン』『科学者伝記小事典』『科学はどのようにして生まれてきたのか』『科学と科学教育の源流』『原子論の歴史（上・下）』『靖国神社』『なぜ学ぶのか』（仮説社）ほか多数。

わたしもファラデー　●たのしい科学の発見物語

2003年11月5日　初版発行〔3000部〕
2016年8月6日　2刷発行〔300部〕
2017年11月24日　3刷発行〔300部〕
2020年11月5日　4刷発行〔250部〕
2025年7月15日　5刷発行〔800部〕

著者　板倉聖宣 © Itakura Kiyonobu
発行　株式会社 仮説社
〒164-0003 東京都中野区東中野4-10-18サニーハイツ2
Tel (03) 6902-2121　Fax (03) 6902-2125
mail@kasetu.co.jp　www.kasetu.co.jp/

印刷・製本・用紙　シナノ（本文・ラフクリーム琥珀N／カバー・サンシオン菊判／表紙・サンシオン菊判／見返し・NTラシャ藤紫四六判）

価格はカバーに表示してあります。落丁・乱丁はお取り替えします。
ISBN978-4-7735-0175-9 C0040　Printed in Japan